$8° = L^2 m$

414.

CATALOGUE

DES

GENTILSHOMMES

DE LYONNAIS, FOREZ ET BEAUJOLAIS

QUI ONT PRIS PART OU ENVOYÉ LEUR PROCURATION AUX ASSEMBLÉES DE LA NOBLESSE
POUR L'ÉLECTION DES DÉPUTÉS AUX ÉTATS GÉNÉRAUX DE 1789.

Publié d'après les Procès-verbaux officiels

SUIVANT LE PLAN DE MM.

LOUIS DE LA ROQUE ET ÉDOUARD DE BARTHÉLEMY

NOUVELLE ÉDITION
Entièrement refondue

ACCOMPAGNÉE D'UN INDEX BIBLIOGRAPHIQUE

PAR

Henri de Jouvencel

PARIS

LIBRAIRIE NOBILIAIRE HONORÉ CHAMPION, ÉDITEUR

5, Quai Malaquais.

—

1908

CATALOGUE

DES

GENTILSHOMMES

DE LYONNAIS, FOREZ ET BEAUJOLAIS

QUI ONT PRIS PART OU ENVOYÉ LEUR PROCURATION AUX ASSEMBLÉES DE LA NOBLESSE
POUR L'ÉLECTION DES DÉPUTÉS AUX ÉTATS GÉNÉRAUX DE 1789.

Publié d'après les Procès-verbaux officiels

SUIVANT LE PLAN DE MM.

LOUIS DE LA ROQUE ET ÉDOUARD DE BARTHÉLEMY

NOUVELLE ÉDITION

Entièrement refondue

PARIS

LIBRAIRIE NOBILIAIRE HONORÉ CHAMPION, ÉDITEUR

5, Quai Malaquais.

—

1908

AVERTISSEMENT

DE LA NOUVELLE ÉDITION

———

L'ancienne généralité de Lyon comprenait les trois provinces de Lyonnais, Forez et Beaujolais, que nous réunissons, comme dans la première édition, aujourd'hui depuis longtemps introuvable, dans une même livraison. Elle forme aujourd'hui les départements du Rhône et de la Loire.

Le Procès-Verbal des assemblées de la Noblesse dans ces trois provinces est reproduit suivant l'ordre des noms (1) inscrits sur les registres originaux déposés aux Archives Nationales. Pour cette nouvelle édition nous avons relevé avec soin non plus les noms portés aux expéditions défectueuses de la série B^{III}, qui avait servi de base au travail primitif, mais ceux inscrits aux minutes originales de la série B^a, publiées ainsi pour la première fois intégralement, en ce qui concerne *le Forez* et le *Beaujolais ;* cette révision a permis l'addition de plusieurs comparants, et la mention de la plupart des prénoms ou noms patronymiques, fréquemment omis dans la première édition, ainsi que celle des procurations données par les gentilshommes non présents personnellement.

Pour le *Lyonnais*, nous avons reproduit la liste originale du carton B^a 48, déjà publiée dans l'important ouvrage de M. Henri de Jouvencel " *L'Assemblée de la Noblesse de la Sénéchaussée de Lyon en 1789* " (2), et nous avons comme cet auteur donné

(1) Nous nous sommes bornés à corriger parfois l'orthographe très fantaisiste, dénaturant souvent les noms de terres ou de lieux. En ce qui concerne les titres et les particules, nous reproduisons sans changement les documents officiels.

(2) Un vol. g^d in-4° de xiv + 1016 pages ; Lyon, lib. Brun 1907, tiré à 3oo exemplaires, orné de 25o blasons, et conténant la généalogie de toutes les familles comparantes.

les noms des comparants admis après l'assemblée des Trois
Ordres, et mentionnés au Procès-Verbal des séances particulières de la Noblesse, procès-verbal conservé aux Archives
Nationales et publié par M. de Jouvencel, dans l'ouvrage duquel
on trouvera mille détails inédits sur la composition et le recrute-
ment des chambres de la Noblesse en général, indépendamment
de l'étude approfondie de la noblesse du Lyonnais en 1789.

Comme dans la première édition, nous avons omis la liste
des Echevins de Lyon, la plupart des familles consulaires
ayant pris part en 1789 aux assemblées de la Noblesse, et nous
avons ainsi évité un double emploi.

Enfin, suivant le plan primitif nous avons donné, en les com-
plétant par des indications supplémentaires de noms de per-
sonnages, ou tout au moins de prénoms, l'état militaire de la
Province, ainsi que l'état des cours judiciaires ou financières et
celui des secrétaires du Roi, ce dernier omis dans la première
édition. La composition des chapitres nobles, augmentée des
prénoms des titulaires, termine cette livraison, à laquelle les
additions et corrections considérables et la publication de
documents inédits, donnent un caractère absolument nouveau.

                                        Paris, 15 avril 1908.

CATALOGUE

GENTILSHOMMES DU LYONNAIS

I. GENTILSHOMMES
PRÉSENTS A L'ASSEMBLÉE DES TROIS ORDRES
DE LA VILLE ET SÉNÉCHAUSSÉE DE LYON

14 mars 1789.

Extrait du Procès-verbal de l'Assemblée (1)

NOBLESSE

(Archives Nationales, Bᵃ 48.)

1. Etienne, comte de Drée, chevalier, Sgr de Châteauneuf, de Meyzilly représenté par Mʳᵉ Laurent-Gabriel-Hector de Cholier, comte de Cibeins, par procuration du six du présent mois, reçue et délivrée en minute, par Mᵉˢ Deyeux et son confrère, notaires à Paris.
2. Le comte de Cibeins susnommé personnellement.
3. Jean-Baptiste Bourbon du Deaulx.
4. Dominique Vouty, représenté par le dit sieur Bourbon, par procuration du neuf de ce mois, reçue et expédiée par Mᵉˢ Lanier et Destours, notaires à Lyon.
5. Gabriel-Bernard Albanel de Cessieu, fils.
6. Jacques Deschamps.
7. Pierre-Suzanne Deschamps, écuyer.
8. Jean Nicolas Dervieu de Villieu, chevalier, capitaine au corps royal de l'Artillerie.
9. Jacques-Hugues-Suzanne de Chaponay fils.
10. Pierre-Elizabeth, comte de Chaponay baron de Morancé et Belmont, Sgr de Beaulieu, Lepin, Marzé, Liserable, St-Jean-des-

(1) Le procès-verbal ne donne pas de numéro d'ordre à chaque comparant, nous en avons mis pour plus de clarté. Nous croyons devoir faire observer qu'un certain nombre de familles nobles, ont pu ne pas figurer dans les assemblées du Lyonnais, Forez et Beaujolais pour cause d'absence, de maladie ou d'abstention. (V. de Jouvencel. Op. cit., p. 76 à 80).

Vignes et autres lieux représenté par le dit Mre Hugues-Suzanne de Chaponay son fils, par procuration du neuf de ce mois, reçue et délivrée en minute par Me Chapuis, notaire.

11. Jean-Pierre Desfours de Maisonforte, chevalier.

12. Fleurie Dutreuil, veuve de Mre Blaise Desfours, écuyer, ancien Conseiller en la Cour des Monnaies de Lyon, usufruitière des biens immeubles de sa succession, représentée par le dit s^r Jean-Pierre Desfours son fils par procuration expédiée et signée par Mes Delompues et Chazal, notaires à Lyon, en date du neuf de ce mois.

13. Claude Servant de Poleymieux, chevalier, trésorier de France en cette Généralité de Lyon.

14. Antoine Chasseing, chevalier, conseiller au parlement, Sgr de Chasselay et des Chères, représenté par le dit sieur Servant de Poleymieux, par procuration du vingt huit février dernier, reçue et délivrée en minute par Mes Pottier et Boulard, notaires à Paris.

15. Claude Carra de Rochemure, chevalier, capitaine au régiment d'Orléans.

16. Pierre-Benoit Carra de Vaux, Sgr de Vaux et autres places, et du fief de Laye-en-Lionnais, représenté par ledit sieur Claude Carra de Rochemure, par procuration du douze de ce mois, reçue et délivrée en minute par Me Michel, notaire royal.

17. Jean-Pierre-Antoine Chirat, écuyer, lieutenant particulier en la sénéchaussée de Lyon.

18. Antoine Debeck, chevalier, Sgr de la Valsonnière, représenté par le dit Mr Chirat, par procuration du treize de ce mois reçue et délivrée en minute par Mes Mattagrin et Berger, notaires royaux.

19. Claude, marquis de Sarron, possesseur du fief de Civrieux en Lyonnais.

20. Pierre Posuel, chevalier, Sgr du fief de Verneaux, représenté par le marquis de Sarron, par procuration du vingt huit février dernier, reçue et délivrée en minute par Mes Lambert et Guineau, notaires à Paris.

21. Jacques Pernon écuyer.

22. Jacques-François Darnal.

23. Jean-Baptiste-François Darnal.

24. Benoit Le Roy, écuyer.

25. Louis-François Clavière, écuyer.

26. Jacques-Catherin Charrier de Grigny.

27. Antoine Fay de Sathonay, baron, Sgr de Sathonay, ancien Prévôt des Marchands de Lyon.

28. Jean-Antoine Servant l'aîné, écuyer.

29. Jean-Pierre Guillaume de Savaron, chevalier, Sgr de La Rajasse et St-Laurent de Chamousset.

30. François-Regis de Charpin, comte de Génetines, capitaine de Dragons.

31. Joseph-Léonard Balant de Chamburcy.

32. René-François Auriol, écuyer.

33. Le chevalier de Barailhon.

34. Camille-Jacques Annibal Claret de Fleurieu, président honoraire au

bureau des finances de Lyon, Sgr de la Tourette, baron d'Eyrieux,
Gerbes, Colombier, etc.

35. Claude Garnier, chevalier.
36. Le marquis de Harenc, capitaine dans le régiment des Cuirassiers
du Roi.
37. Louis-François Bottu de la Barmondière, chevalier, Sgr de Montgré,
Marzé et autres lieux, représenté par le dit sieur marquis de
Harenc, par procuration du onze de ce mois délivrée en minute,
par Me Rabut, notaire royal.
38. Louis-Hector-Melchior-Marie, marquis de Harenc, seigneur de la
Condamine.
39. Jean-Jacques de Gallet, marquis de Mondragon, seigneur de Doi-
zieu, et marquis de St-Chamond, représenté par le dit sieur marquis de Harenc de la Condamine, par ses deux procurations du dix
de ce mois, délivrées en minutes par Mes Monnot et Pezet de Cor-
val, notaires à Paris.
40. Claude Berthaud de Taluyers, ancien conseiller en la Cour des
Monnaies.
41. Philippe-François Berthaud du Coing.
42. Claude-Louis-André Blanchet, chevalier.
43. Claude-André Bourbon de Vanant.
44. De Brosse La Barge.
45. Marc-Antoine Claret de la Tourette, chevalier honoraire en la
Cour des Monnaies.
46. Pierre-Louis, marquis de Grollier et de Treffort, comte de Mai-
sonseule, vicomte du Thil.
47. Jean Jolyclerc, lieutenant des grenadiers royaux.
48. Claude-François Dorothée, marquis de Jouffroy d'Abbans.
49. Jean-Charles-Antoine Dorigny, fils.
50. Adam-Philippe Dorigny Dampierre.
51. Terrasson, fils.
52. Antoine Torrent, fils, écuyer.
53. Claude-Aimé Vincent de Margniolas.
54. Pierre Vincent de St-Bonnet.
55. Jean Paradis, secrétaire du Roi.
56. Pierre-François Rieussec, écuyer.
57. Etienne-Alexandre Brossier de la Roullière, capitaine commandant au régiment Royal des Vaisseaux.
58. Barthélemy de Boësse, chevalier, seigneur de la Thénaudière.
59. Jean-Pierre-Philippe-Anne La Croix, seigneur du fief de Laval,
ancien chevalier d'honneur en la Cour des Monnaies de Lyon.
60. Léonard Gay de la Levretière, écuyer.
61. Etienne-Hiacynthe Gayot de Mascrany, chevalier, comte de Chà-
teauvieux.
62. Jean-François Maindestre, chevalier.
63. François Maniquet, chevalier.
64. Joseph Orsel de Châtillon, écuyer.
65. Benoit Ponthus de la Bourdelière.
66. Louis Rambaud de la Sablière.
67. Camille Regnaud [Regnault], écuyer.

68. Pierre Roux, écuyer.
69. Claude-André Roux, écuyer.
70. Léonard Roux de Cruzol.
71. François-Catherine-Jean-Pierre, marquis de Ruolz, chevalier, Sgr de Francheville et Chaponost.
72. Jean Terrasson, père, ancien secrétaire du Roi.
73. Henri-Gabriel-Benoît d'Assier, baron de la Chassagne.
74. Louise de Covet, dame de St-Bernard et la Bruyère, représentée par le dit baron de la Chassagne, par procuration du douze de ce mois délivrée en minute par Mes Devilliers et Perrodon, notaires à Lyon.
75. Amélie de Bouflers, marquise de Neuville, représentée par le dit sieur d'Assier, baron de la Chassagne, par procuration du cinq de ce mois délivrée en minute par Mes Rouen et Gibert, notaires à Paris.
76 et 77. Suzanne et Jeanne Bellet de Tavernost, dames du fief de Cruix, représentées par Mre Joseph Le Viste de Briandas, par procuration du vingt sept février dernier, reçue et délivrée en minute par Me Charles, notaire royal.
78. Ledit Joseph Le Viste de Briandas, personnellement.
79. Terrasse d'Yvours, chevalier, Sgr d'Yvours, du Péage, de la Blancherie et autres lieux.
80. Jean-Rodolphe Quatrefages de la Roquette, Sgr de St-André du Coing, de Limonest, et partie de St-Didier au Mont-d'Or, représenté par le sieur Terrasse d'Yvours, par procuration du deux de ce mois, délivrée en minute par Mes Brichard et Dullon, notaires à Paris.
81. François-Bon Morel de Doisy, chevalier.
82. Henri Darthaud [Arthaud], chevalier, Sgr de Rontalon, La Feuillade, le Surgeon et autres lieux, représenté par le dit sieur Morel de Doisy, par procuration du huit de ce mois, délivrée en minute par M^e De la Beaume, notaire royal.
83. Louis-Marie de Gangnières, chevalier, comte de Souvigny, Sgr de St-Laurent et de St-Vincent d'Agny, Fromentes et autres lieux.
84. Benoît-Joseph Desgouttes de La Salle, chevalier, Sgr de la Rontalonyère, représenté par le dit sieur de Gangnières, comte de Souvigny, par procuration du six de ce mois, expédiée, signée Rambaud, notaire royal.
85. Louis-Marie de Leullion, écuyer, Sgr de Thorigny, lieutenant particulier, assesseur criminel en la sénéchaussée et siège présidial de Lyon.
86. Etienne Dugas, chevalier, conseiller du Roi en ses conseils, ancien président en la Cour des Monnaies de Lyon, et au présidial, lieutenant général criminel en la sénéchaussée et siège présidial de Lyon, Sgr de Thurins et autres lieux, représenté par le dit s^r de Leullion de Thorigny par procuration du sept de ce mois, et expédiée par Me Ducreux, notaire royal.
87. Barthélemy-Antoine de Riverie, chevalier de Saint-Louis, capitaine commandant de la compagnie des grenadiers au régiment d'Anjou.
88. Jean-François-Barthélemy de Riverie, chevalier, Sgr de Saint-Jean de Toulas, Echalas et Saint-Romain-en-Gier, représenté par le dit

sieur Antoine de Riverie son fils, par procuration du douze de ce mois, expédiée par M⁰ Lecourt, notaire royal.

89. Barthélemy-Regis Dervieu du Villars, chevalier, ancien capitaine au régiment de Bresse, chevalier de Saint-Louis.

90. Claude-Jean-Marie Dervieu de Varey, chevalier, ancien conseiller en la Cour des Monnaies de Lyon, Sgr de Varey et du Villars, représenté par le dit sieur Dervieu du Villars son frère, par procuration du dix de ce mois délivrée en minute par M⁰ˢ Devilliers et Bourdin, notaires à Lyon.

91. Claude-Louis Morel, chevalier.

92. Jean-Baptiste-Espérance, comte de Laurencin, chevalier de Saint-Louis, Sgr de Chanzé, et du fief de Machy, représenté par le dit sieur Morel, par procuration du treize février, délivrée en minute par M⁰ˢ Picquais et Lemac, notaires à Paris.

93. Claude-Antoine de Gerando, ancien conseiller en la Cour des Monnaies.

94. Jeanne-Marguerite de Gerando, dame du Chambroy, fief situé à Oullins et rente noble en dépendant, représentée par le dit sieur de Gerando, par procuration du douze de ce mois, expédiée par M⁰ˢ Tournilhon et Fournereau, notaires à Lyon.

95. Jacques-Joseph de Mayol, chevalier, ancien conseiller d'honneur en la Cour des Monnaies de Lyon.

96. Jean-Louis-Eléonore de Sainte-Colombe, chevalier, Sgr de Sainte-Colombe, le Poyet et autres lieux, représenté par le sieur de Mayol, par procuration du sept de ce mois, délivrée en minute par M⁰ˢ Nobis et Boutonge, notaires royaux.

97. Aimé Guillin, écuyer, officier au régiment d'Austrasie.

98. Henri-René de Montrichard, chevalier, Sgr de Marchangy, représenté par le dit sieur Aimé Guillin, par procuration du sept de ce mois, expédiée, signée Morel et Bonnevaux, notaires à Lyon.

99. Jacques Imbert-Colomès, échevin de cette ville de Lyon.

100. Jean-Baptiste Decourt, chevalier de Saint-Louis, Sgr de la Garde, et autres lieux représenté par le dit sieur Imbert-Colomès, par procuration du six de ce mois, délivrée en minute par M⁰ˢ Boutonge et Patural, notaires royaux.

101. Louis-Marie Dulieu, chevalier, Sgr de Bussière, etc.

102. François Valence de Minardière, chevalier, Sgr de Minardière, La Forest-Chancé, et autres lieux, représenté par le dit sieur Dulieu, par procuration, du sept de ce mois, délivrée en minute par M⁰ˢ Billaud et Auclerc, notaires royaux à Roanne.

103. Hugues Guillin, avocat, Sgr d'Avenas.

104. Louis-Robert de Sirvinges, Sgr de Sirvinges, La Motte-Camp, représenté par le sieur Guillin d'Avenas, par procuration du trois de ce mois, délivrée en minute par M⁰ Praire, notaire royal.

105. Léonard Bourlier de Parigny, chevalier, Sgr d'Ailly, Parigny, Saint-Didier de Favières, Commelle, Saligny, L'Hôpital et autres lieux.

106. Jean-Louis Michon, comte de Vougy, chevalier, Sgr du dit comté et autres terres et du fief d'Aillant en Lyonnais, représenté par le dit

sieur Bourlier de Parigny, par procuration du cinq de ce mois, délivrée en minute par Mes Thioleyron et Bros, notaires royaux.

107. Jean-Baptiste, baron de Fisicat, Sgr de Beauregard, Bellièvre, Rochebaron, Bas et dépendances.

108. Pierre-Emmanuel Dumirat, chevalier, Sgr de Crary, de la baronnie du Côté, de Gibles, du Colombier, de partie de Saint-Jean d'Ozole, de Bonvert, d'Epercieux, de Vertpré, de la Chambre d'Azolle, de Malignière, des Fossés Vieux, la Bernarde et autres lieux, représenté par ledit sieur baron de Fisicat, par procuration du dix de ce mois, délivrée en minute par Mes Mivière et Billaud, notaires royaux.

109. Jacques-Pierre Guillet de Chatellus, chevalier, Sgr de Chatellus, Saint-Denis et autres lieux.

110. Robert-René d'Affaux, chevalier, Sgr de Glatta, baron de Saint-Lager, représenté par ledit sieur Guillet de Chatellus, par procuration du neuf de ce mois, expédiée, signée Maurs et Montellier, notaires royaux à Lyon.

111. Louis Trollier de Chazelles, chevalier, ancien capitaine d'infanterie.

112. Jean-François Trollier de Fétan, chevalier, Sgr de Messimieux, Fétan, Fourquevaux et autres lieux, représenté par ledit sieur Trollier de Chazelles, son frère, par procuration du neuf de ce mois, délivrée en minute par Mes Devilliers et Perrodon, notaires à Lyon.

113. Joseph Leviste de Briandas, ancien capitaine au corps royal de l'artillerie, chevalier de Saint-Louis.

114. Just-Henri, comte du Bourg de Saint-Polgue, chevalier, marquis de Bozas, baron de la Roue, Sgr de Saint-Félicien-de-Bornal en Lyonnais et autres lieux, représenté par ledit sieur chevalier de Briandas, par procuration du neuf de ce mois, expédiée par Me Charrein, notaire royal.

115. Jean-Claude-Anthelme Charcot, chevalier.

116. Louis-Catherine, marquis de Loras.

117. Pierre-François-Marie, comte de Baglion, premier chambellan de monseigneur le comte d'Artois, Sgr du comté de la Salle, Quincieux et autres lieux, représenté par ledit sieur marquis de Loras, par procuration du trois de ce mois, délivrée en minute par Mes Bonet et Denis, notaires à Paris.

118. Jean-Baptiste Bona de Perex, chevalier.

119. François-Marie Bona de Chavagnieux, chevalier, officier de dragons.

120. Abel-Marie-Lambert Bottu de Saint-Fonds de Limas, ancien officier au régiment de Saintonge.

121. Jean-François Burtin de la Rivière, trésorier de France en la Généralité de Lyon.

122. Louis Bruyset de Mannevieux, trésorier de France en la Généralité de Lyon.

123. Pierre-François-Melchior-Nicolas Charcot de Franclieu, chevalier.

124. Jacques-Catherine Leclerc de la Verpillière, Sgr d'Irigny, lieutenant de Roi de la province de Guyenne, chevalier de Saint-Louis.

125. Pierre-Barthelémy-Marie-René-Joseph-Alexandre de Constant,

chevalier des Ordres du Mont-Carmel et de Saint-Lazare, capitaine de dragons.

126. François-Gabriel de Corteille, chevalier, Sgr de Vaurenard.
127. François-Isaac Coste, l'aîné, écuyer.
128. Fleury-Marie Courbon de Montviol, chevalier, conseiller avocat du roi en la sénéchaussée et siège présidial de Lyon.
129. Claude Dareste de Saconay, Sgr de Saconay et autres lieux.
130. Jean-Claude Dareste, chevalier, chef d'escadron de chasseurs.
131. Jean-Baptiste Daudé, chevalier.
132. Jean-Pierre Delglat de la Tour du Bost, chevalier, président au bureau des finances de Lyon.
133. Jean-Pierre Delglat, chevalier d'honneur audit bureau des finances.
134. Simon-Jean-César Durand, Sgr du fief de Châtillon, chevalier, trésorier de France.
135. Jean-François, baron de Fisicat, capitaine au régiment de Penthièvre-dragons.
136. Claude Ravel de Montagny, écuyer, baron de Montagny, Millery, Sourcy, première baronnie du Lyonnais, représenté par sieur Antoine-Henri Jordan, l'aîné, ancien échevin de Lyon, par procuration du dix de ce mois, délivrée en minute par M⁰ˢ Ferrandin et Girerd, notaires royaux.
137. Antoine Desvernay, écuyer, Sgr de Grezieux-Souvigny, Vilet, Fourchet, Virissel, Mont-Galand et autres lieux, représenté par sieur Jean-Claude-Anthelme Charcot, chevalier, par procuration du cinq de ce mois, délivrée en minute par M⁰ˢ de Chatelus et Billaud, notaires royaux.
138. Claude-Pierre Fuzellier, écuyer.
139. Jean-Claude Gabet, chevalier, Directeur de la Monnaie de Lyon.
140. Pierre-Philippe-Lyon Garnier, officier.
141. Léonard Gay, ancien échevin.
142. Jean-Mathieu Girard, écuyer.
143. Christophe Giraud, écuyer.
144. Georges-Marie Giraud de Montbellet, écuyer.
145. Pierre-Nicolas Grassot, écuyer.
146. Pierre-Marie-Anne, marquis de Harenc de La Condamine fils, Sgr d'Ampuis.
147. Ennemond-Augustin Hubert, chevalier, Sgr de St-Didier, Rochefort, Tanay, partie de Jassau, baron de Riotier, chevalier de St-Louis, mestre de camp de cavalerie, ancien écuyer de main de Madame.
148. Guillaume-Victor Hubert de St-Didier, chevalier, premier capitaine commandant au régiment des cuirassiers du Roi.
149. François Jolyclerc de Belvé, officier d'infanterie.
150. Antoine-Henri Jordan fils, écuyer.
151. Louis-Charles Le Mau de Talancé, écuyer, ancien capitaine au régiment de Bourbonnais, chevalier de St-Louis.
152. Louis Leviste, comte de Montbrian, ancien capitaine au régiment de Bourbonnais, ancien chevalier d'honneur au Parlement, grand sénéchal de Dombes.
153. Etienne Marion, écuyer, seigneur du fief de La Tour Laval.
154. Charles-Joseph Mathon, chevalier, Sgr de la Cour, des Académies

de Lyon, Villefranche, de la Société Royale d'Agriculture, de la Société patriotique Bretonne.

155. Charles-François Millanois de la Thibaudière, écuyer, Sgr de la Thibaudière.

156. François-Marie-Ennemond Mogniat de Liergues, chevalier, Sgr de Liergues, Pouilly-le-Monial.

157. Mathieu-Marc-Antoine Nolhac, ancien échevin de la ville de Lyon.

158. Jacques-André-Marie de Noyel, Sgr de Vieux-Bourg, lieutenant des maréchaux de France, chevalier de St-Louis.

159. André-Marie Ollivier, écuyer, Sgr du Vivier et de Montagnieux.

160. Claude Orsel [Orcel], secrétaire du Roi honoraire.

161. Claude-Louis Orset de La Tour, écuyer, conseiller en la sénéchaussée et siège présidial de Lyon.

162. Fleury-Zacharie-Simon Palerne de Savy.

163. Jean-Nicolas Ponthus, écuyer, conseiller en la sénéchaussée et siège présidial de Lyon.

164. Jacques-Claude Rambaud, écuyer, Sgr de La Vernouze, ancien lieutenant particulier en la sénéchaussée et siège présidial de Lyon.

165. Thomas Rambaud de Montclos, garde du corps du Roi, capitaine de cavalerie.

166. Robin d'Orliénas, écuyer, ancien conseiller en la cour des Monnaies.

167. Jean-Gabriel Rocoffort, échevin.

168. François Deruolz [de Ruolz], chevalier des ordres de St-Louis et de St-Lazare, ancien lieutenant des vaisseaux du Roi.

169. Pierre-Jacques Sain, écuyer.

170. Barthélemy Terrasson de Barolière, Sgr de Senevas et St-Romain.

171. Pierre-Joseph Thévenet, chevalier, officier de la milice bourgeoise de Lyon.

172. Antoine-Bonne, marquis de Regnauld, Sgr de Pomay.

173. Acton (1).

174. Le marquis de Mont-d'Or, Sgr de Cherpieu, et autres lieux.

175. Barbier de Charly.

176. Laurent Basset, chevalier, conseiller honoraire en la cour des Monnaies, lieutenant-général en la sénéchaussée et siège présidial de Lyon.

177. Basset de Châteaubourg.

178. Basset de la Marelle.

179. Baudard.

180. François-Antoine Beaucamp de St-Germain.

181. Jean Beaucamp de St-Germain.

182. Benoit.

183. Berger, écuyer, conseiller en la sénéchaussée et siège présidial de Lyon.

184. Berger du Sablon, écuyer.

185. Bertholon, échevin.

186. Bœuf de Curis, écuyer, trésorier de France.

187. De Boissieu.

188. Bollioud de Chanzieux.

189. De Borde, baron du Châtelet.

190. Boulard de Gatellier.

191. Bourbon du Mousset.

192. Bourg.

193. Brossier de la Roullière.

194. Le comte de Carnazet.

(1) Voir les prénoms et qualités de ces gentilshommes dans l'ouvrage déjà cité de M. de Jouvencel. Nous n'avons pas cru devoir les reproduire ici, laissant à cette liste, qui ne les contient pas, son caractère officiel.

195. Chappe de Brion.
196. Chazette.
197. Chirat le jeune.
198. Choignard.
199. Clavière de Jarnieux.
200. Clérico de Janzé.
201. Colomb d'Hauteville.
202. De Constant, père.
203. Coste, cadet.
204. De Croix.
205. De Grais, échevin.
206. De Jussieu de Montluel.
207. De Jussieu de Montluel-St-Marcelin.
208. Dervieu de Goiffieu.
209. Dervieu de Villieu.
210. Descorches de Ste-Croix.
211. Dian.
212. Dian, fils aîné, écuyer.
213. Dian, fils cadet, écuyer.
214. Dubost de Curtieux.
215. Dugas de Chassagny.
216. Dumarest de Chassagny.
217. Durand de la Flachère.
218. Duval.
219. Fardel de Verrey.
220. Le comte de Ferrary de Romans.
221. De Ferrus de Plantigny.
222. Flachon de Barrey.
223. Flachon de la Jomarière.
224. Fontaine de Bonnerive.
225. De Fontanelle.
226. Fourgon de Maison-Forte.
227. De la Frasse de Sury.
228. De la Frasse de St-Romain.
229. Gardelle, père.
230. Gardelle, fils.
231. Châteauvieux.
232. De Gérando.
233. Giraud de St-Oyen de St-Trys.
234. Gonin de Lurieu.
235. Granier, cadet.
236. Grassot, père.
237. De Guillon de la Chaux.
238. Janin, chevalier de St-Michel.
239. Imbert.
240. Jullien.

241. Lacour.
242. La Cour de Montluzin.
243. Lambert.
244. La Roue, père.
245. La Roue, fils.
246. La Salle, chevalier de St-Michel.
247. La Sausse.
248. Le Roi de Champfleury.
249. Le Roi de Jolimont.
250. Le comte de Malyvert de Vaugrigneuse.
251. Margaron de St-Véran.
252. De Mayol de Lupé.
253. Michon.
254. Millanois de la Salle.
255. Mogniat de l'Ecluse.
256. Monlong.
257. Muguet de Montgand.
258. De Murard de St-Romain.
259. Neyrat.
260. Nolhac.
261. De Noyel de Paranges.
262. Palerne du Monestier.
263. Passerat de Silans.
264. Pernon, père.
265. Pernon, ancien major de cavalerie.
266. Philibert de Clérimbert.
267. De Prévidé-Massara.
268. Rambaud, écuyer, premier avocat du Roi en la sénéchaussée et siège présidial de Lyon.
269. Rambaud, ancien échevin.
270. Ranvier.
271. Rast, ancien échevin.
272. Rast, fils, écuyer.
273. Ravier.
274. Reboul.
275. Le marquis de Regnauld et de Bellescize.
276. Regny.
277. Révérony, l'aîné.
278. Révérony du Cluset.
279. Richard du Colombier.
280. Rigod de St-Romain.
281. Rigod de Terrebasse.
282. De Rivérieulx, fils.
283. De Rivérieulx de Chambost.
284. De Rivérieulx de Varax.

285. De Riverie de St-Jean.
286. Rocoffort, l'aîné.
287. Rocoffort, le cadet.
288. Le chevalier de Rostaing.
289. Rousset de St-Eloy.
290. Rousset, l'aîné.
291. Rousset, le cadet.
292. Roux, ancien échevin.
293. Roux.
294. Roux.
295. Royer.
296. Sahuc de Planhol.
297. Savaron.
298. J.-M. Servant [Servan].
299. G.-C. Servant [Servan].
300. P. Servant [Servan].
301. G. Servan.
302. Servant-Briasson.
303. Terrasse, chevalier d'Yvours.
304. Terrasson de Senevas.
305. Trollier de Fontcrenne.
306. De Vacheron.
307. Valesque, l'aîné.
308. Valesque, le cadet.
309. Valous, le père.
310. Valous de la Proty.
311. Vauberet-Jacquier.
312. Vial, ancien échevin.
313. Yon de Jonage.
314. Yon, chevalier de Jonage.
315. Fleurant de Rancé.
316. Le baron de Riverie.

Tous composant, soit personnellement, soit par procuration l'ordre de la noblesse de cette sénéchaussée et de son arrondissement, parmi lesquels les fondés de procuration susdits, en ont remis les actes justificatifs au greffier secrétaire de l'assemblée pour demeurer joints et annexés aux présentes.

Nota. — Les gentilhommes portés sous les nᵒˢ 28 et 302, 61 et 231, 36 et 38, 157 et 260, 88 et 285, semblent être inscrits en double, chacun d'eux n'étant qu'un seul comparant. Par contre il faut ajouter à cette liste la comparution d'Antoine-Henri Jordan indiqué seulement comme porteur de procuration (nᵒ 136).

II. GENTILSHOMMES
CONTRE LESQUELS DÉFAUT FUT DONNÉ
A L'ASSEMBLÉE GÉNÉRALE [1]

1. Le comte de Gain, Sgr mensionnaire de Condrieux.
2. Les co-héritiers de Fougerol [pour Fourgeroux.]
3. Les Recteurs de la Charité de Lyon.
4. Terray.
5. Hue de la Curée de la Blanche.

---

(1) *Arch. Nat.* Bᵃ 48. Le procès-verbal officiel n'indique pas de numéros d'ordre. Il n'eût pas du être donné défaut contre MM. le comte de Gain et de La Rochefoucauld, membres du Clergé, assignés à tort avec la noblesse ; ni contre les cohéritiers de Fougerol [Fourgeroux], ou MM. Neyrand de Lorette et Riboud d'Epeisses, assignés comme possesseurs de fiefs, et n'ayant pas la noblesse requise pour comparaître. Enfin les Recteurs de la Charité, n'étaient pas, en tant que collectivité, qualifiés pour voter avec la noblesse.

6. Le marquis de Digoine.
7. La dame Courtin de Neufbourg.
8. Le marquis de Vichy.
9. De Jussieu de Combeblande.
10. Le marquis de St-Georges et St-André.
11. De La Rochefoucauld.
12. Beraud de Resseins.
13. Le marquis de Foudras.
14. Le duc d'Harcourt.
15. Maret de St-Pierre.
16. De Guillermin.
17. Dupuis d'Eclène.
18. Les héritiers Catalan.
19. La comtesse de Chauffailles.
20. Mazenod de Chance.
21. Lafont de la Barolière.
22. Neyrand de Lorette.
23. La baronne d'Yzeron.
24. Le marquis de Fenoyl.
25. Dame de Foudras.
26. Le marquis de la Boyne [pour de la Roque].
27. Le marquis de La Clayette de Pluvy [de la maison de Noblet].
28. Caze de la Roche Cardon.
29. De Nervo de Thézé.
30. Sabot de Pizay de Pivoley.
31. De Champagny.
32. Demoiselle de Brosse d'Yguerande.
33. Dame de Sénozan.
34. Demoiselle de Souzy de Muza.
35. Garin du Buisson.
36. Trollier de Messimieux.
37. Dieudonné Sarton, sieur du Jonchay.
38. Riche de Prony.
39. Mascrany de la Bussière.
40. De Micoud de Charsetain.
41. Rolland de la Duerie.
42. La marquise d'Albon.
43. Le comte d'Albon.
44. Guerin de Guérin.
45. Le baron d'Yzeron.
46. Cruzel [pour Crozet] de Montgon.
47. Riboud d'Epeisses.
48. Guillin de Poleymieux.
49. Maritz de la Barolière.
50. Mayeuvre de Champvieux.
51. De Rochefort de la Caille.

III. GENTILSHOMMES
ADMIS AUX ASSEMBLÉES PARTICULIÈRES
DE LA NOBLESSE

APRÈS L'ASSEMBLÉE GÉNÉRALE DES TROIS-ORDRES (1).

1. Joseph-Marie-Philippe d'Athose.
2. Auguste-Philibert Berthet.
3. * Pierre-Emmanuel Biétrix du Villars, Sgr de Crenilieux.

(1) Cette liste empruntée avec son autorisation à l'ouvrage de M. de Jouvencel, a été dressée d'après le procès-verbal des séances particulières de l'Ordre de la noblesse, imprimé en 1780 et conservé aux archives nationales, B⁰ 48 ; puis d'après deux listes imprimées en 1789 ; l'une est intitulée : « Liste des nobles ou anoblis possédant ou non possédant fiefs, qui ont la noblesse requise à la forme du règlement de S. M. du 24 janvier 1789 pour avoir entrée aux assemblées de la noblesse du ressort de la sénéchaussée de Lyon, dressée et arrestée par MM. les commissaires vérificateurs dudit

4. André de Bory, chevalier de Saint-Louis, ancien commandant de Pierre-Scize, secrétaire perpétuel et bibliothécaire de l'Académie de Lyon.
5. Nicolas Bottu de Saint-Fonds, chevalier de Saint-Louis, capitaine au régiment de Boulonnais.
6. Pierre-Antoine Chappuis de Saint-Julien, chevalier de Saint-Louis, lieutenant-colonel au régiment d'Orléans-Infanterie.
7. * Claude Cizeron.
8. * François, chevalier de Courtaurel, chevalier de Saint-Louis, brigadier des gardes du corps, major de Pierre-Scize à Lyon.
9. Pierre-Barthélemy Fleurant de Rancé de Corbery, Sgr de Rancé, commissaire d'artillerie.
10. Laurent-Nicolas-Scipion Guillet de Moidière, Sgr de Moidière, officier au régiment de Picardie.
11. * Claude Guinier de la Bruyère.
12. * Blaise-François-Aldegonde de Jouvencel, chevalier.
13. Claude Lemoyne, ancien échevin de cette ville de Lyon.
14. Jean-Benoît Le Roy du Molard, Sgr du dit lieu.
15. Jean Maritz de la Barolière, Sgr du dit lieu, la Rigaudière, chevalier de l'ordre du Roi, inspecteur général des Forges et fontes de l'artillerie de France et d'Espagne, commissaire d'artillerie en Lyonnais.
16. * Antoine Piron.
17. Jean-Antoine de Regnauld de Parcieu, Sgr marquis de Parcieu, Massieu, Myons, ancien conseiller à la Cour des Monnaies de Lyon, député de la noblesse de la ville de Lyon et Franc-Lyonnais à l'assemblée de département.
18. * Louis-Gabriel [de Roche] Deroche de Lonchamp, lieutenant au régiment d'Auvergne, chevalier de Saint-Louis.
19. Jean-Baptiste Sabot de Pizay, Sgr dudit lieu, Sugny, Pivoley, Saint-Ennemond, etc., président honoraire à la Cour des Monnaies de Lyon, président au Conseil supérieur de Lyon.
20. François, comte de Saconay.
21. Joseph-Henry Steinman, échevin de cette ville de Lyon.
22. Louis Tolozan de Montfort, Sgr du dit lieu, ancien receveur des deniers communs, dons et octrois de Lyon, prévôt des marchands de Lyon.
23. Antoine-Pierre Trollier de Saint-Romain, capitaine d'infanterie au régiment de Bourbonnais.

ordre. » L'autre beaucoup plus détaillée indique les « Noms de Messieurs de l'Ordre de la noblesse du ressort de la sénéchaussée de Lyon, qui se sont trouvés aux différentes assemblées tenues en mars et avril 1789, en exécution des lettres de convocation pour les États-Généraux. » — On remarquera la comparution dans les assemblées particulières de gentilshommes ayant fait officiellement défaut à l'assemblée générale. Les noms des gentilshommes ayant signé le procès-verbal de la dernière séance, et non présents à l'assemblée des Trois Ordres sont marqués d'une *.

IV. DÉPUTÉS
DES TROIS ORDRES DE LYONNAIS
AUX ÉTATS-GÉNÉRAUX DE 1789

CLERGÉ

MM. de Castellas, doyen de l'Eglise, comte de Lyon.
Flachat, curé de N.-D. de Saint-Chamond.
Mayet, curé de Rochetaillée.
Charrier de la Roche, prévôt du chapitre noble d'Ainay.

NOBLESSE

MM. Le marquis de Mont-d'Or, président de l'Ordre de la noblesse
du Lyonnais.
Le chevalier de Boisse de la Thénaudière.
Le marquis de Loras.
Jacques Deschamps.

TIERS-ÉTAT

MM. Girerd, médecin à Tarare.   MM. Millanois.
Trouillet, négociant.   Périsse du Luc.
Bergasse, avocat.   Couderc, négociant.
Durand, négociant.   Goudard, négociant.

CATALOGUE

DES

GÉNTILSHOMMES DE FOREZ

*Procès-Verbal de l'assemblée de l'ordre de la Noblesse de Forez,
tenue à Montbrison le 18 mars 1789 et jours suivants (1).*

M. le marquis de Rostaing, bailli de Forez (2),
Président de l'ordre.

1. M. Durand-Antoine de Meaux, Sgr de St-Just-en-Chevalet, Augerolles et d'Urfé, lieutenant général aux sièges de Forez ;
2. M. Laurent de Flachat d'Apinac, Sgr d'Apinac, Luriecq et Estiva-
reilles;
3. M. Jean-Baptiste-François de Blumenstein, chevalier, officier au
corps royal du Génie;
4. M. Jacques-Joseph-Claude Thoynet de Bigny, chevalier de l'ordre
royal et militaire de St-Louis, demeurant en cette ville ;
5. M. Jean-Baptiste Buffet, écuyer, sieur du Crozet, paroisse de Cezay ;
6. M. Louis de Luzy, marquis de Couzan, et Sgr de Couzan et Chalain
d'Uzore ;
7. M. Jean-Baptiste [Arthaud] de Viry, chevalier, officier de dragons,
Sgr de Chenereilles ;
8. M. Jean-Claude de Chovet de la Chance, chevalier, Sgr du comté de
Chevrières, Seynas et Malifaux ;
9. M. Charles-Aimé-Ovide Denis de Cuzieu, fils, chevalier, capitaine au
régiment d'Artois-Cavalerie;

(1) Le Procès Verbal ne contient pas de numéros d'ordre. Cette liste est
publiée pour la première fois sur le texte original conservé aux archives
nationales, dans le carton B⁰ 54, liasse 128. MM. de La Roque et de Barthélemy n'avaient publié qu'une liste succincte, tirée d'un fascicule imprimé
en 1789 chez Math. Magnien imprimeur de la province, à Montbrison. Voir
aussi d'Assier de Valenches : « *L'assemblée baillagère du Forez en 1789, ordre
de la Noblesse* », et les " *Fiefs du Forez* " du même auteur publiés d'après les
mss. de Sonyer du Lac.

(2) Un autre bailli d'épée se trouvait en Roannais. La charge était
héréditaire dans la famille de Valence de Minardière.

10. M. Cazimir-Abraham-Claude-Marie, comte de Damas, Sgr de Mérignieu, demeurant à Montbrison ;

11. M. Benoît Vincent de Montarcher, chevalier, Sgr de Montarcher;

12. M. André Duguet, chevalier, Sgr de Bullion demeurant à Montbrison;

13. M. Jean-Louis Gonyn de Lurieu, écuyer, chef d'escadrons de Dragons, Sgr du Palais et Civens;

14. M. Jacques-Claude Goulard de Curraize, Sgr du dit lieu, Précieu et Chalain-le-Comtal ;

15. M. Claude Ravel de Montagny, Sgr de Malleval et St-Héan, demeurant à St-Etienne ;

16. M. Antoine-Joseph Lapierre de Saint-Hilaire, Sgr de Saint-Hilaire et Valprivas, demeurant à Montbrison ;

17. M. Antoine Boyer du Moncel, Sgr de Batailloux et de La Lande, demeurant à St-Bonnet le Château;

18. M. Jacques-Marie Punctis de Boën, chevalier, Sgr de la ville de Boën ;

19. M. Marie-Guillaume du Rozier, chevalier, Sgr de la Varenne, demeurant à Montbrison ;

20. M. Georges-Antoine Sylvestre de La Ferrière de la Noërie, père, Sgr de la Noërie et La Ferrière, demeurant au dit Montbrison;

21. M. François Thoynet, Sgr des châtellenies de Marcilly et Châtelneuf, demeurant ordinairement à Paris ;

22. M. Pierre-Emmanuel Dumirat de Crary, Sgr du fief de Bonvert, demeurant à Roanne ;

23. M. Jean-Claude de Barthelats, Sgr d'Arfeuillette et de Chancé, demeurant en la dite ville de Roanne ;

24. M. Aymar Chappuis de La Goutte, Sgr de Grézieu, y demeurant;

25. M. Claude-Marie Hüe de la Blanche, Sgr de La Curée, ancien capitaine d'artillerie;

26. M. Denis Gémier des Perrichons, écuyer, Sgr des Perrichons, ancien officier de dragons ;

27. M. Louis-François Puy, écuyer, Sgr de La Bastie et Sainte-Agathe;

28. M. Jacques Neyron, écuyer, Sgr de Roche-la-Molière ;

29. M. Jean Bernou, baron de Rochetaillée, capitaine de cavalerie, chevalier de l'ordre royal et militaire de Saint-Louis ;

30. M. Nicolas de La Tour de Varan, Sgr de La Tour de Varan et de La Fayette, demeurant à Firminy ;

31. M. Jean-Pierre Chappuis de Maubou, Sgr de Nervieu, Gregnieu, La Bruyère et Maubou, chevalier de l'ordre royal et militaire de Saint-Louis, demeurant en cette ville;

32. M. Jean-Pierre Boyer de Sugny, Sgr de Sugny, paroisse de Nervieu, cy-devant capitaine aux grenadiers de France, chevalier de l'ordre royal et militaire de Saint-Louis ;

33. M. Jean-Hector Montaigne, chevalier, Sgr de Poncins, chevalier de l'ordre royal et militaire de Saint-Louis ;

34. M. Jean-Marie-Antoine de Ramey de Sugny, Sgr de Souternon, Augerolles et Génetines ;

35. M. Pierre-Jean-Marie Chamboduc de Saint-Pulgent, Sgr de Saint-Pulgent, paroisse de Saint-Germain-la-Sauveté, ancien officier de la marine royale, demeurant à Montbrison ;

36. M. Jacques-Just Dubessey de Contenson, écuyer, Sgr de Contenson et de la baronnie de Pont-à-Mally ;

37. M. Jean-Marie Dubessey de Contenson, capitaine des vaisseaux du roi, Sgr de Praix, paroisse de Lentigny ;

38. M. Charles-Henry de Gayardon, comte de Grézolles, Sgr dudit lieu, Aix et Luré, chevalier de l'ordre royal et militaire de Saint-Louis, ancien lieutenant-colonel de cavalerie ;

39. M. Claude-Henry Perrin, Sgr de Noally, demeurant à Feurs ;

40. M. Jean-Joseph-Alexandre de Buronne, chevalier, Sgr du fief de la Garenne, paroisse de Saint-Barthélemy-Lestrat ;

41. M. Jean-Baptiste [Girard], baron de Vaugirard, maréchal des camps et armées du roi, Sgr de Colombette, Saint-Just-en-Bas et de Grandris, demeurant à Montbrison ;

42. M. Pierre-Christophe Dassier [d'Assier], chevalier et Sgr du fief de la Terrasse, paroisse de Saint-Victor-sur-Loire ;

43. M. Antoine-Camille de Rochefort, chevalier, Sgr du comté de Bussy-en-Beauvoir ;

44. M. Jacques-Claude [Jacquemeton] de la Menüe, chevalier, Sgr de La Menüe, paroisse d'Hauterivoire, ancien officier des mousquetaires de la garde du roi, chevalier de l'ordre royal et militaire de Saint-Louis ;

45. M. François-Louis Thoynet de Bigny, écuyer, demeurant à Montbrison ;

46. M. Barthélemy Chamboduc de La Garde, écuyer, demeurant à Saint-Germain-Laval ;

47. M. Gaspard-Irénée Sylvestre de La Ferrière de la Noërie, fils à Montbrison ;

48. M. Jacques Duguet, chevalier, officier au régiment de la Couronne ;

49. M. Benoît Duguet, officier au régiment du duc d'Angoulême ;

50. M. Claude Valence de Minardière, chevalier de l'ordre de Saint-Louis ;

51. M. Antoine-François de Thy de Milly, chevalier ;

52. M. François-Henry de Barthelats, chevalier, capitaine d'artillerie ;

53. M. Claude-Gervais Hüe de La Tour, chevalier, ancien officier au régiment de la Fère ;

54. M. Charles-Adrien Meaudre, écuyer, Sgr de Pradines, demeurant à Saint-Germain ;

55. M. Hubert Le Conte, fils, écuyer, audit Montbrison ;

56. M. Michel Le Conte, officier au régiment de Royal-Roussillon, semestrier à Montbrison ;

57. M. Jean-Marie Grailhe de Montaima, écuyer, à Montbrison ;

58. M. Antoine Vincent de Soleymieu, écuyer, demeurant à Saint-Etienne ;

59. M. Jean-Baptiste de Nompère de Champagny, major des vaisseaux du Roi, chevalier de l'ordre de St-Louis ;

60. M. Antoine-Jean Palluat de Besset, chevalier, demeurant à Saint-Etienne ;

61. M. Philippe-Emmanuel [Arthaud] de Viry, écuyer, demeurant à St-Germain-Laval;

62. M. Jacques-François de Boubée, écuyer, chef d'escadrons au régiment de chasseurs de Franche-Comté, demeurant à Feurs ;

63. M. Barthélemy-Raymond [Flachat] d'Apinac, ancien capitaine au régiment d'Auvergne, chevalier de St-Louis ;

64. M. César-Claude Riverieulx de St-Nizier, écuyer, à Montbrison ;

65. M. Claude-Victor de la Rochette, chevalier, Sgr de Bonneville, paroisse de Bourg-Argental, officier au régiment de Monsieur, demeurant à Feurs ;

66. M. Camille-Suzanne-Etienne de Meaux de Merlieu, chevalier de St-Louis, demeurant à Montbrison ;

67. M. Victor Nayme des Oriols, Sgr des Préaux, demeurant à Bourg-Argental ;

68. M. Antoine Jullien du Vivier, Sgr du fief de Loye, demeurant à Véranne ;

69. M. Armand-Marie de Julien de Villeneuve, chevalier, Sgr de La Trouchardière, Tirepeire (?), Terros, demeurant dans son château de Villeneuve, paroisse de Saint-Ferréol ;

70. M. Antoine Courbon de St-Genest, Sgr de la baronnie de La Faye, de St-Genest et Marlhes ;

71. M. Claude-Antoine Duguet, écuyer, ancien capitaine au régiment d'Auvergne, pensionné du Roi, demeurant à Montbrison ;

72. M. Pierre-Marie de Punctis de La Tour, écuyer, demeurant à Montbrison ;

73. M. François Chassain de Chabet, l'aîné, écuyer, et demeurant audit Montbrison ;

74. M. François-Marcellin de Chave (?) de Chazelet, écuyer, demeurant à Montbrison ;

75. M. Joseph-François Frotton de Landuzière, écuyer, demeurant à Landuzière, paroisse de St-Genest-Lerpt ;

76. M. Pierre Challaye, conseiller honoraire de l'ancien Parlement de Dombes, demeurant à Montbrison ;

77. M. Etienne de Chambaran, écuyer, demeurant à St-Germain ;

78. M. Jean Dumirat, écuyer, demeurant à Roanne ;

79. M. Jean-Marie-Noël Chassain de Marcilly, écuyer, demeurant à Montbrison ;

80. M. Charles Griffet de la Chapelle de la Beaume, écuyer, demeurant audit Montbrison ;

81. M. Claude-Jérôme Mathé de Balichard, écuyer, Sgr de Balichard, demeurant à Roanne ;

82. M. Jean-Pierre Sauzéa de Barges, écuyer, demeurant à St-Etienne.

Ne se présentant plus d'autres nobles possédant fiefs ou non, nous avons fait la vérification des Procurations qui nous ont été exhibées. Nous avons reconnu que :

83. M. Jean-Louis-Eléonor de Ste-Colombe, chevalier, Sgr dudit lieu et du Poyet, et

84. Mademoiselle Marie-Anne-Jacqueline de Ste-Colombe, dame de St-Priest-la-Roche, étaient représentés par M. de Riverieulx de St-Nizier ;

85. M. Claude, marquis de St-Georges et St-André, Sgr de St-André-d'Apchon, et

86. M. Louis-Marie, comte du Lieu, Sgr de Chenevoux et Bussière, par M. le marquis de Couzan ;

87. M. César, marquis de Talaru, comte de Chamarande, Sgr marquis de Chalmazel, et

88. M. François Valence de Minardière, Sgr de Minardière, La Forest-Chancey, Montoux et La Palud, par M. Valence de Minardière, oncle de ce dernier ;

89. M. Louis, comte de Fautrières, Sgr de Billy, et

90. M. Claude Dumirat de Champlong, Sgr du fief de Champlong, paroisse de Saint-Sulpice des Villeret, par M. Hue de La Tour ;

91. M. Jacques de Gallet, marquis de Mondragon, Sgr de La Valla, et

92. M. Just-Henri, comte du Bourg de Saint-Polgue, Sgr de Saint-Polgue, de Chantois et de La Motte en Forez, par M. le comte de Grézolles ;

93. M. Pierre Colomb d'Hauteville, écuyer, Sgr du fief d'Hauteville, paroisse de Riotord, demeurant au château de Plaisance, paroisse d'Izieu, par M. Chovet de la Chance ;

94. M. Denis du Rozier de Magnieu, chevalier, Sgr de Magnieu-le-Gabion, paroisse Saint-Laurent-la-Couche, et

95. Dame Marianne Dumirat, épouse de M. Claude de Nompère de Montcorbier, dame de La Salle, et en jouissant en paraphernal, par M. Gémier des Perrichons ;

96. M. Antoine-Laurent du Fournel, chevalier, Sgr du Montet, Chazotte, La Brosse, Brossilion et le Soleillant, chevalier de Saint-Louis, lieutenant des maréchaux de France, demeurant au château du Soleillant, paroisse de Valeilles, et

97. Dame Jeanne-Marie Rey, veuve de M. Claude-Melchior du Treyve, chevalier, lieutenant de Roi à Saint-Chamond, en qualité de tutrice de M. Jean-Baptiste-Christophe du Treyve, son fils, lieutenant au régiment de Rouergue-Infanterie, Sgr du fief de Saint-Méras, paroisse de Riotord, par M. de La Rochette ;

98. M. Claude-Palamède-Antoine, comte de Thélis, Sgr de Cleppé, et

99. M. François-Joseph-Marie-Léon de La Beau de Bérard, chevalier, marquis de Maclas, par M. de Boubée ;

100. Dame Jeanne-Louise Puy des Périers, damoiselle, veuve de M. Etienne de Meaux, dame de Merlieu et Savignieu, par M. de Meaux de Merlieu, son fils ;

101. Dame Reine-Pierrette-Eléonore de Constant, demoiselle, veuve de M. Durand de La Mure, chevalier, Sgr du Poyet, tutrice de Denis de La Mure, beau fils, héritier du fief du Poyet, demeurante à Montbrison, par M. Le Conte, père ;

102. M. Claude de La Frasse, Sgr de Sury-le-Comtal et Saint-Romain du Puy, par M. Duguet du Bullion, l'aîné ;

103. Dame Catherine Brossier de Bessenay, veuve de M. Armand-Scipion-Urbain de Pujol, chevalier, dame des fiefs et seigneuries de Guaite, La Tourette et Aboin, par M. Boyer du Moncel ;

104. M. Michel de Mazenod, Sgr de Montsupt, Saint-Georges et Saint-

Thomas, représenté par M. Thoynet de Bigny, son tuteur en vertu de la tutelle;

105. M. André-Gabriel Gonin de Lurieu de La Rivoire, écuyer, Sgr des fiefs de Colonges et de La Roche-la Merlée, paroisse de Saint-Just-sur-Loire, par M. Chappuis de Maubou, ainsi que

106. M. Louis-Gabriel Planelli de Mascrany, chevalier, marquis de Maubec, Sgr de Bourgoin-la-Valette, près Saint-Etienne.

107. Dame Anne-Gilberte des Roys, veuve de François-René-Louis Meaudre, chevalier, Sgr de Paladuc, en qualité de tutrice de Claude-François-Marie-Jean Meaudre de Paladuc, leur fils, propriétaire du fief de Paladuc, paroisse de Saint-Remi-sur-Thiers, a été représentée par M. Perrin de Noally ;

108. M. Claude-Marie, comte de Damas, Sgr de Rousset, par M. le comte de Damas, son neveu, demeurant en cette ville ;

109. M. Pierre Vincent, écuyer, Sgr de Bonnet-les-Oules, par M. Vincent de Soleymieu, son frère;

110. M. Jean-Baptiste de Fisicat, Sgr baron de Rochebaron et Bas, par M. de Lurieu du Palais ;

111. M. Etienne-François Philibert, chevalier, Sgr de Fontanès, et

112. M. Louis-Hector-Melchior-Marie, marquis de Harenc, chevalier, Sgr de la Condamine et Vernas en Forez, district de Bourg-Argental, par M. le baron de Rochetaillée ;

113. M. François-Philippe du Cros-Papon, chevalier, ancien capitaine au régiment de La Fère-Infanterie, Sgr de Marcoux, du fief et château de Goutelas, et

114. M. Jean-Pierre-Guillaume de Savaron, Sgr de La Faye, L'Aubespin, et La Chapelle-en-Vaudragon, par M. Punctis de Boën ;

115. M. Antoine-Louis-Claude, marquis de St-Germain d'Apchon, Sgr marquis de Montrond, baron de Boisset, comte de Crémeaux, maréchal des camps et armées du Roi, et

116. M. Jean-Marie Ranvier, Sgr de Bellegarde et St-André-du-Puy, par M. du Rozier;

117. M. Jérôme Goyer de Livron, écuyer, Sgr de Magneu-Hauterive, Taron, Beaucresson, co-Sgr de Renaison, et de la ville de St-Haon, et

118. M. Antoine Desvernay, écuyer, Sgr de Grézieu-Souvigny, Viricelles et autres lieux par M. de Barthelats d'Arfeuillettes ;

119. M. Bernardin de La Mure, écuyer, Sgr de Champs, par M. Le Conte, fils ;

120. M. Jacques-Pierre Guillet de Châtelus, chevalier, Sgr de Châtelus, par M. Duguet, officier au régiment du duc d'Angoulême ;

121. M. Joseph-Gabriel de Saignard de La Fressange, Sgr de La Fressange, Chaponod, paroisse de Firminy, et

122. M. Celle du By, Sgr de l'Ollagnier, paroisse de Riotord, par M. de La Tour de Varan ;

123. Dame Pierrette Duprat de Chassagny, veuve de M. Claude Hüe de La Tour, écuyer, Sgr de La Tour, paroisse de Roanne, par M. Hüe de La Blanche ;

124. Dame Magdeleine de Jouvencel, veuve de M. Jean-Marie Gaudin, écuyer, et épouse séparée de biens de M. Claude-Gérard Sémonin, chevalier, tant au nom de la dite Dame, pour les terres et châtellenies de Feurs, Donzy et Villechenêve, qui lui appartiennent, que pour et

125. En celui de ses enfants mineurs, et de M. Gaudin, desquels elle est tutrice, à cause de la seigneurie de Jas, par M. Cognet des Gouttes ;

126. M. le duc de Harcourt, pour ses seigneuries en Forez, par M. de Contenson, capitaine de vaisseaux ;

127. M. Etienne-François de Blumenstein, Sgr de La Goutte, paroisse de Salles, par M. de Blumenstein, son fils, officier du génie;

128. M. Blaise-Jean Denis de Cuzieu, chevalier, Sgr de Cuzieu, et

129. M. Antoine Bérardier de Grézieu, Sgr de La Chazotte et de La Serre, demeurant à St-Etienne, par M. de Cuzieu, fils, capitaine au régiment d'Artois-Cavalerie ;

130. M. Pierre-Bonnet Dassier [d'Assier], Sgr de Luriecq et Valenches, par M. Dassier [d'Assier], son fils, Sgr de La Terrasse ;

131. M. Antoine-Louis de Chambarlhac, chevalier, Sgr de La Bastie, demeurant à St-Sauveur, et

131. M. Just-Gabriel Destizet de Saint-Cierges, demeurant en sa maison Destizet, paroisse de Colombier, Sgr de St-Cierges, par M. des Oriols;

133. M. Louis du Peloux de St Romain, Sgr de St-Romain et du fief de la Terrasse à Jonzieu, et

134. M. Roch Jullien, chevalier, Sgr du fief du Mas-Fontanès, sis à Pélussin, par M. Jullien du Vivier ;

135. M. Fleury-Zéphirin de Mayol de Lupé, Sgr de Lupé, par M. Julien de Villeneuve ;

136. M. André-Annet de Jacquemond du Mouchet, Sgr de La Prade et du Mouchet, paroisse de Bessay, par M. de Poncins ;

137. M. Claude-François de Vernoux de Noharet, chevalier, Sgr de Noharet, capitaine de cavalerie, chevalier de l'ordre de St-Louis, demeurant à Bourg Argental, par M. Courbon de St-Genest ;

138. M. Jean-Baptiste-Michel de Charpin, baron de Feugerolles, marquis de La Rivière, Sgr des Bruneaux, paroisse de Firminy, et

139. M. Charles-Cézar de Romanet, marquis de Lestrange, Sgr de St-Bonnet et St-Julien, capitaine au régiment de la Reine-cavalerie, par M. le chevalier d'Apinac (Flachat) ;

140. M. Jacques-Louis Mathon, chevalier, Sgr de Fogères, demeurant à Bourg-Argental ;

141. M. François-Elisabeth Bellet, chevalier, Sgr de Tavernost, Cesseins, St-Julien-Molin-Molette et du Bourg-Argental en Forez, demeurant à Trévoux ;

142. M. Charles-Joseph Mathon, chevalier, Sgr de La Cour, demeurant à Lyon, ont été représentés par M. Nicolas Mathon de la Garinière, garde du corps du Roi, compagnie de Luxembourg.

Nota. — MM. *Le Conte père*, représentant Mme de la Mure (101),
Cognet des Gouttes, désigné comme fondé de pouvoir de la Dame
de Feurs (124) et *Mathon de la Garinière*, cité au dernier paragra-
phe (140-142) comme porteur de procuration, ont évidemment com-
parus pour eux-mêmes, bien que non dénommés séparément à ce
titre; ils portent donc à 145 le nombre des gentilshommes comparants sur cette liste.

MM. *Vincent de Montarcher* (11) et le comte *de Thélis* (98), comparants suivant le procès-verbal ci-dessus sont omis sur la liste publiée
par MM. de La Roque et de Barthélemy.

Par contre cette dernière liste indique la comparution de MM. *de Borne
de Gagères*, et *de Chavagnac*, qui ne figurant pas sur la liste publiée
ci-dessus, ont été vraisemblablement admis après la première assemblée, et portent à 147, outre le Président, le nombre des membres de
la noblesse du Forez ayant voté en 1789.

DÉPUTÉS DES TROIS ORDRES DE FOREZ

AUX ÉTATS-GÉNÉRAUX

CLERGÉ

MM. Goulard, curé de Roanne.
Gagnières, curé de St-Cyr les Vignes.

NOBLESSE

MM. Le comte de Grézolles (de Gayardon);
de Nompère de Champagny, major de vaisseau.

TIERS-ÉTAT

MM. le marquis de Rostaing, maréchal de camp, chevalier de St-Louis
et de l'ordre de Cincinnatus, bailli de Forez, président de l'ordre de
la noblesse.
Jamier, propriétaire à Montbrison, officier du point d'honneur.
Richard, propriétaire à Bourg-Argental;
de Landine, avocat, membre de plusieurs sociétés savantes, bibliothécaire de celle de Lyon.

CATALOGUE

DES

GENTILSHOMMES DE BEAUJOLAIS

————◊————

Extrait du Procès-verbal de l'Assemblée générale des Trois-Ordres
de la sénéchaussée de Beaujolais (1). tenue à Villefranche
le 16 mars 1789

Sous la présidence de FRANÇOIS-BLAISE GUÉRIN DE LA COLONGE, lieutenant
général civil et criminel et de police en la sénéchaussée de Beaujolais,
remplaçant M. le comte DES COURTILS, sénéchal, absent et non reçu.

GENTILSHOMMES PRÉSENTS OU REPRÉSENTÉS

1. Louis-Alexandre-Elysée de Monspey, Sgr d'Argigny et de Vallières,
en son nom et comme fondé de procuration de M. Charles-François
de Montaigu, Sgr de La Chaize (2), et de M. Alix-Joseph-Gilbert de
Langeac, Sgr de Pramenoux (3) ;
4. Jean-Baptiste Noyel de Béreins, Sgr de Sermezy, en son nom et
comme fondé de procuration de M. Joseph de La Salle de Pierreux
(5) ;
6. François Bertin ;
7. Jean-Jacques Desbrosses [de Brosse], Sgr de Chevagny, en son nom
et comme fondé de procuration de M. Louis Leviste de Montbrian,
Sgr de La Plagne (8), et de Jean-Baptiste de la Pimpie de Granoux,
Sgr de Pomyé (9) ;
10. Robert René d'Affaux, Sgr de Glatta et de St-Lager, en son nom et
comme fondé de procuration des dames de Millière, dames de la
Terrière (11) et de Mlle de Villeneuve, dame de Joux-sous-Tarare (12);
13. Louis-François Bottu de la Barmondière, Sgr d'Arcises, en son nom
et comme fondé de la procuration de M. Jean Baptiste [Charrier] de

---

1. Arch. Nat. Bᵃ 85 ; vérifié sur le procès-verbal de l'assemblée particulière de la noblesse, conservé dans le même carton. Les nᵒˢ placés par nous
servent à identifier chaque comparant. On remarquera que ce procès-verbal
n'indique pas les titres de noblesse, sauf pour le comte de Damas d'Audour.

La Roche, Sgr de Julié (14) et de M. Jean-Louis-Eléonor de Ste-Colombe, Sgr de Ste-Colombe, (15) ;

16. François-Joseph Tircuy, Sgr de Corcelles, en son nom et comme fondé de procuration de M. Pierre-Henri Agniel, Sgr de Chênelette, (17) et de M. François de Muzy de Truchy, Sgr de Vauzelles (18).

19. Claude-Antoine de la Roche de la Carelle en son nom et comme fondé de procuration de M. Louis de Grollier, Sgr du Thil (20) et de M. Jacques-Joseph Brac, Sgr de la Perrière (21).

22. Jean d'Espinay de Laye, Sgr de Saint-Denis d'Espinay, en son nom et comme fondé de procuration de S. A. S. monseigneur le duc d'Orléans, sire et haut baron de cette province (23) ;

24. Philippe-Marie Grumel de Montgaland, Sgr de Lespinay, en son nom et comme fondé de procuration de M. François Valence de Mignardière (25) ;

26. Jean-Louis Michon de Vougy, Sgr de Vougy, en son nom et comme fondé de procuration de M. Louis-Hugues de La Porte, Sgr de Saint-Nizier d'Azergues (27) et de M. Louis-Maximilien-Emmanuel de Lancry de Pronleroy, Sgr de la Varenne (28) ;

29. François-Gabriel de Corteille, Sgr de Vaurenard, en son nom et comme fondé de procuration de M. Claude de Sarron, Sgr de Saint-Just d'Avrey (30) et de M. Jean-Baptiste du Sauzay, Sgr d'Amplepuis (31) ;

32. Benigne Burtin de Vaurion, Sgr de Chamelet, en son nom et comme fondé de procuration de M. Claude-Marie Hue de La Blanche, Sgr du Bost (33), et de M. Antoine-Hilaire de Guillermin de Courcenay, Sgr de Courcenay (34) ;

35. Jean Millanois de La Salle, Sgr de La Salle, en son nom et comme fondé de procuration de M. Antoine Guillin, Sgr de Pougelon (36), et de M. Hugues Guillin, Sgr d'Avenas (37) ;

38. Louis-Robert de Sirvinges, Sgr de Sevelinges, en son nom et comme fondé de procuration de Mme Marie-Thérèse-Louise de Pastourel de Beaux, veuve de M. Henry-Joseph-François de Valadoux, Sgr de Saint-Julien (39), et de M. Mathieu, comte de Damas d'Audour, Sgr de Forges (40) ;

41. Gaspard Arod, Sgr de Pierrefilant, en son nom et comme fondé de procuration de Blaise Arod, Sgr de Montmelas (42) ;

43. Jean-Mathieu Bissuel de Saint-Victor, Sgr de Thizy, en son nom et comme fondé de procuration de M. Jean-Joseph-Luc de Pomey, Sgr de Rochefort (44) ;

45. Louis-Charles Le Mau, Sgr de Talancé, en son nom et comme fondé de procuration de Madame Catherine-Josèphe de Godefroy, veuve de M. de Garnier des Garets, Sgr de Colombier (46), et de M. Claude de Rivierieulx, Sgr de Chambost (47) ;

48. Antoine de la Roche, Sgr de la Roche-Bouron ;

49. Charles-Joseph-Mathieu Béraud de Resseins, Sgr de Resseins, en son nom et comme fondé de procuration de M. Edme de Foudras, Sgr de la Place (50), et de Mme Claude de Loriol de Digoine, comtesse de la Poype, dame de Poule (51) ;

52. Joachim Baland, Sgr d'Arnas, en son nom et comme fondé de pro-

curation de M. Jean-Baptiste Michon de Pierreclos, Sgr de Cenves
(53), et de M. Jean-Pierre Couppier, Sgr de Claveison (54) ;

55. Claude-René-Marie-François Thibaut de la Roche-Thulon, Sgr des
Ardillats ;

56. Nicolas-Marie Bottu de Saint-Fonds, Sgr de Saint-Fonds, en son
nom et comme fondé de procuration de Mme Catherine-Jeanne de la
Font, veuve de Saint-Fonds (57), et de celle de Jean-Baptiste Sabot,
Sgr de Pizey (58) ;

59. Antoine-Marie Desvernay, Sgr de Montgaland, en son nom et comme
fondé de procuration de Mme Augustine-Marie de Reveton, dame de
La Verpillère (60) ;

61. Louis-Gabriel Deroche de Lonchamp, en son nom et comme fondé
de procuration de M. Claude-Philibert Bernard de la Vernette, Sgr
de Germolles (62) ;

63. Pierre-Benoît Carra de Vaux, Sgr de Vaux, en son nom et comme
fondé de procuration de M. Jean Giraud, Sgr de Saint-Trys (64) ;

65. François-Joseph de Labeau de Bérard de Maclas de la Venerye, en
son nom et comme fondé de procuration de M. Claude-Marie-Henri
Le Pileur, Sgr de Boitray (66), et de M. Hugues-Louis-Marie de
Sainte-Colombe de l'Aubépin, Sgr de Saint-Just (67) ;

68. Barthélemy-Hugues de Ferrus de Vendranges, Sgr de Cucurieux,
en son nom, et comme fondé de procuration de M. Claude-Louis
Morel, sgr d'Epeisses (69), et de Madame Marie Giraud de Montbellet,
veuve de M. de Fournillon de Buttery, dame de Chervé (70);

71. Antoine-François-Aimé-Marie de Mignot de Bussy, Sgr de Villié,
en son nom et comme fondé de procuration de M. Jean Maritz, Sgr
de la Rigaudière (72), et de M. Marc-Antoine de Mignot, Sgr de la
Martizière (73) ;

74. M. Pierre-François Le Prestre de Vauban, en son nom, et comme
fondé de procuration de Madame de Vauban (75), et de M. de Drée,
Sgr de la Forge (76);

77. Claude Carra de Saint-Cyr ;

78. Jean-Claude de Mignot de Bussy, en son nom, et comme fondé de
procuration de M. Esprit-François Trollier, Sgr de Fontcrenne (79) ;

80. Pierre-Ennemond-Joachim-François-Marie-Elizabeth Mogniat, Sgr
de l'Ecluse ;

81. Claude-Vital Desbrosses [de Brosse], Sgr d'Escrots et Malleval;

82. Barthélemy de Ferrus, Sgr de Plantigny;

83. Pierre-Philibert Bourlier d'Ailly, en son nom et comme fondé de
procuration de M. Léonard Bourlier de Parigny, Sgr d'Ailly (84).

Nota. — On ne trouve aucune indication au sujet des gentilshommes contre lesquels fut donné défaut ou qui auraient été admis après
l'assemblée générale des Trois Ordres. Toutefois le procès-verbal des
assemblées particulières de la noblesse mentionne la famille de Ponce-
lon, comme pauvre et d'ancienne extraction, dans le but de lui allouer
un secours, et M. de Saint-Vincent, gentilhomme demandant à être
reçu.

DÉPUTÉS DES TROIS ORDRES DE BEAUJOLAIS

AUX ÉTATS GÉNÉRAUX DE 1789

CLERGÉ

M. Desvernay, curé de Villefranche.

NOBLESSE

M. le marquis de Monspey.

TIERS-ETAT

MM. Chasset, avocat,
Humblot, négociant.

ÉTAT MILITAIRE ET JUDICIAIRE

DE LA PROVINCE

────────●○●────────

GOUVERNEMENT MILITAIRE DU LYONNAIS

Le duc de Villeroy, gouverneur général.
Le duc de Castries, lieutenant général.
Le marquis de Scépeaux, commandant pour le Roi.
Les Prévôt des marchands et Echevins, commandant pour le Roi dans la ville de Lyon.
Le marquis de Regnauld de Bellescize, commandant de Pierre-Scize.
Le chevalier de Courtaurel, major de Pierre-Scize.
M. de La Frasse de St-Romain, auditeur de camp de la ville de Lyon.
M. de La Verpillière, major de la ville de Lyon.
M. de La Richardie, aide-major.
M. Caire, id., en survivance.
M. d'Escorches de Ste-Croix, aide-major.

Lieutenants de Roi en Lyonnais, Franc-Lyonnais, Forez et Beaujolais

Le vicomte d'Albon ; M. Bollioud de St-Julien, baron d'Argental (1) ; le baron de Brosse et M. de Constant de Massoul.

Lieutenants de Nos Seigneurs les Maréchaux de France

Lyonnais.......	le baron de Riverie [de la famille de Grimod-Bénéon].
	Le marquis de Bellescize [Regnauld].
	Le marquis de Sarron.
Forez..........	M. Chappuis de la Goutte.
	M. Nompère de Champagny de Pierrefitte.
	Le chevalier d'Yvours [Terrasse].
	M. du Fournel de Soleillant.
Beaujolais......	M. de Noyel.
	Le marquis de Chaponay.
Dombes........	Le comte de Génetines [de la maison de Charpin].
	Le chevalier de Cibeins [Cholier].
Bourg-Argental.	M. de la Pimpie de Granoux.

(1) Décédé peu avant 1789.

Prévôt général de la maréchaussée du Lyonnais, Forez Beaujolais et Dombes

Jean-Louis Clapeyron du Buisson, écuyer, chevalier de St-Louis.

GOUVERNEMENTS PARTICULIERS

Gouverneurs

Anse.....................	M. de Chazelles.
L'Arbresle...............	M. de Fleurieu de Montverdun.
Beaujeu	M. Brac de Montpiney.
Belleville-en-Beaujolais.....	M. Orry, marquis de Fulvy.
Boën.....................	M. Punctis de La Tour.
Bourg-Argental	M. de Tavernost, comme héritier de M. Bollioud de St-Julien, baron d'Argental.
Cervières	Le duc d'Harcourt.
Charlieu.................	M. Louis Dupens, Sgr de Dinéchen.
Chazelles-s-Lyon	M. le bailli de Besse.
Feurs	Ce gouvernement appartient à la dame Hélène-Magdeleine de Jouvencel, dame de Feurs et Donzy.
Montbrison	M. le chevalier Dugas.
Neuville en Franc-Lyonnais.	M. le duc de Lauzun.
Roanne.................	M. le duc d'Harcourt.
Villefranche..............	M. Aimé de La Roche, Sgr de Berneville et Fergerolles.
St-Bonnet-le-Château......	Ce gouvernement appartient à madame la marquise de Sassenage.
St-Chamond..............	M. de la Vieuville, marquis de St-Chamond.
St-Etienne...............	M. Gilbert de Voisins, marquis de St-Priest de Furand, Sgr de St-Etienne, président à mortier au Parlement de Paris.

SÉNÉCHAUSSÉE ET PRÉSIDIAL DE LYON [1]

RESSORT DU PARLEMENT DE PARIS

La Sénéchaussée avait été réunie par édit du mois d'avril 1705 à la

---

[1] Les charges de cette juridiction ne donnaient pas la noblesse, même personnelle, à la différence des charges de Cour Souveraine; plusieurs nobles faisaient toutefois partie de cette magistrature.

Cour souveraine des Monnaies, créée à Lyon par édit de Juin 1704; cette Cour souveraine fut supprimée par édit d'août 1771, et la sénéchaussée réorganisée par édit de septembre 1771.

27 décembre 1739. Charles de Masso, chevalier, marquis de La Ferrière, Sénéchal de Lyon et du Lyonnais.

2 août 1783........ Jean-Pierre-François Catalan, écuyer, Sgr de La Sarra, lieutenant-général civil.

5 mai 1783........ Jean-François Faure de Montaland, lieutenant-général criminel.

4 avril 1772........ Jacques-Claude Rambaud, écuyer, Sgr de La Vernouze, lieutenant particulier civil.

17 avril 1776...... Louis-Marie de Leullion de Thorigny, écuyer, lieutenant particulier assesseur criminel.

Décembre 1783... Etienne Dugas, chevalier, lieutenant-général criminel honoraire.

Conseillers, messieurs

9 août 1769........ François Perret, conseiller honoraire en la Cour des Monnaies.

16 janvier 1772.... Jean-Nicolas Ponthus, chevalier, premier syndic.

18 janvier 1772.... Bonaventure Rougnard.

18 janvier 1772.... Nicolas-Marie Camyer.

20 janvier 1772.... Antoine Varenard.

22 janvier 1772.... Claude-Joseph Jacob.

24 janvier 1772.... Gabriel Clavière, écuyer.

14 février 1772.... Jean-François Berger, écuyer.

8 août 1776........ Philibert-Jean-Baptiste Micollier.

12 août 1777...... Claude-Louis Orset de la Tour, écuyer.

9 février 1779..... Claude-Antoine Rey.

25 avril 1782...... Jean-Pierre-Antoine Chirat, écuyer.

4 septembre 1783. J. Ballet.

17 janvier 1786.... Pierre-François-Gabriel Grassot, écuyer.

1er avril 1786..... Laurent-Ponthus Loyer.

Jacques Colabeau de Julienas, écuyer, conseiller honoraire.

Jacques-Joseph de Mayol, écuyer, conseiller d'honneur honoraire.

Gens du Roi.

14 février 1772.... Jean-Jacques Millanois, avocat du Roi.

21 novembre 1770. Pierre-Antoine Barou du Soleil, écuyer, procureur du Roi.

7 janvier 1783..... Pierre-Thomas Rambaud, écuyer, avocat du Roi.

16 avril 1766...... Jean-François Tolozan, écuyer, avocat général honoraire.

1er avril 1784..... Jean-Baptiste Simon, substitut du procureur du Roi.

GÉNÉRALITÉ DE LYON

(*Pays d'Election*)

Antoine-Jean Terray, chevalier, maître des Requêtes, intendant.
Bruys de Vaudran, subdélégué général.
De L'Horme, subdélégué de la ville de Lyon.

BUREAU DES FINANCES

Premier Président

19 août 1785...... Messire Jean-Rodolphe Quatrefages de la Roquette.

Présidents, messires

16 juillet 1732.... Pierre-Henry Agniel de Chénelette.
22 février 1743.... Simon Vial.
16 avril 1748...... Pierre de Prévidé-Massara.
4 juin 1749....... Jean-Pierre Delglat de La Tour du Bost.

Chevalier d'honneur

1787............. Jean-Pierre Delglat du Plessis.

Trésoriers de France

3 août 1764....... Louis-Claude Bruyset de Mannevieux, doyen.
22 décembre 1741. Fleury Bordeaux de Lurcy.
3 décembre 1764.. Claude Servant de Poleymieux.
6 décembre 1765.. Ange-Elisée Duvernay, syndic.
12 décembre 1766. Jérôme Biclet.
12 février 1768.... Jean Duculty, chanoine de Saint-Paul.
7 août 1769....... Simon-Jean-César Durand de Châtillon.
7 août 1771....... Jean-Jacques de Boissieu.
28 février 1774.... Thomas Charton.
7 décembre 1778.. Etienne Flachon de la Jomarière.
9 août 1779....... Jean-Marie Terrasse de Tessonet.
9 août 1779....... Jean-Louis Bœuf de Curis.
20 décembre 1779. Jean-François Burlin de La Rivière.
25 avril 1781...... Léonard Garnier, syndic.
9 juillet 1781..... Nicolas Galtier.
7 décembre 1781.. Antoine Chorel de La Plagny.
25 septembre 1782. Dieudonné Sarton du Jonchay.
24 février 1783.... Joseph-Augustin-Madeleine Lacour.
14 février 1783.... Antoine-Marie-Charles Dugas des Varennes.
30 juillet 1783..... Marc-Jean Faure.
26 août 1785....... Jean-Joseph Dafflon.

Premier Président Honoraire

31 janvier 1753.... Messire Camille-Jacques-Annibal-Gaspard Claret de Fleurieu, chevalier.

Président Honoraire

24 mai 1748...... Julien-André Rigod de Terrebasse.

Trésoriers de France honoraires

1er juillet 1748.... Pierre Mermier.
23 juin 1760...... Claude-Charles-Florent Thorel de Campigneulles.
14 septembre 1764. Antoine-Marie-Augustin Palerne de Chintré.

Gens du Roi, messieurs

16 mai 1746...... Balthazar Michon, premier avocat du Roi.
29 août 1785...... Antoine Morand de Jouffrey, procureur du Roi.
12 novembre 1766. Claude Pollet, avocat du Roi.
6 décembre 1751.. Jean-Marie de Lafont de Juis, procureur du Roi, honoraire.

Greffiers en chef

7 mars 1774...... J.-B. Cathelin, ancien.
8 avril 1774........ Joseph Fulchiron, alternatif.
14 septembre 1768. Louis de Lafont, triennal.
1er juillet 1753.... Jacques-Marie Bertrand, plumitif.

AGENTS FINANCIERS

Receveurs généraux des Finances

M. de la Garde, ancien.
M. Millon d'Ainval, alternatif.

Contrôleurs généraux

M. Thiven, pour les années paires.
M. David de Monvalier, pour les années impaires.

Agents

MM. François et Pierre Valesque, commis aux deux exercices des recettes générales de la généralité de Lyon.
M. Louis Bussat, receveur général et directeur des domaines et bois.
M. Borin, receveur des revenus casuels du Roi.
M. Oriol, contrôleur des revenus casuels du Roi.
M. d'Origny, directeur général des domaines.
M. Michoud, contrôleur au département de Lyon.
M. Grailhe, contrôleur au département de Montbrison.
MM. de Souligné, Mazuyer et Caze, directeur et receveurs des domaines.

MAITRISE PARTICULIÈRE DES EAUX ET FORETS

Mre Jean-Claude Boisneuf de Chenevière, chevalier, grand maître enquêteur et général réformateur des Eaux et Forêts de France, au département des provinces de Lyonnais, Màconnais, Forez, Beaujolais, Auvergne, Provence et Dauphiné.

JURIDICTION PRIVILÉGIÉE DU FRANC-LYONNAIS

Juge primitif...... M. Jean-Pierre-François Catalan de La Sarra, écuyer, Sgr de La Sarra et Longchêne.

Syndics généraux.. M. Claude Servan, ancien échevin de Lyon.
M. Pierre Verdat de Sure, écuyer, Sgr de Sure, le Coyeaux, Cordieux, etc.

Syndic honoraire.. M. Antoine Fay, chevalier, Sgr baron de Sathonay.

SECRÉTAIRES DU ROI

Il y avait eu une chancellerie près la Cour souveraine des Monnaies, dont les officiers jouissaient des privilèges ordinaires. Nous avons retrouvé comme existants en 1789 à Saint-Chamond (1) les secrétaires du Roi suivants, dont plusieurs n'avaient pas vingt ans d'exercice à cette époque et ne purent par suite faire partie des assemblées de la noblesse.

MM. Dugas de La Boissony.
Praire.
Camille Dugas.
C. Bethenod.
L. Anginieur.
Eustache Neyrand.
A. Neyrand.

Secrétaires du Roi mentionnés en 1789 dans l'Almanach de Lyon (2) et non comparants

MM. Antoine Terrasse, écuyer.... Secrétaire du Roi.
Alexandre Constant, écuyer.. *idem.*
André Baréty, écuyer...... *idem.*
François Tournachon, écuyer. Conseiller secrétaire du Roi, maison et Couronne de France.
Pierre Maupetit, écuyer..... *idem.*
Jean-Marie Rousset, écuyer.. *idem.*
Etienne Grangier, écuyer.... ancien garde des sceaux près l'ancienne Cour des Monnaies.
Fleury Chàlon, l'aîné, écuyer. conseiller secrétaire du Roi, maison et Couronne de France.
Laurent Perret, écuyer...... *idem.*
Journel, écuyer .... secrétaire du Roi.
Borel de Varissan......... *idem.*
Chevrillon................ *idem.*

1. Arch. Nat. Bᴵᴵᴵ 75, p. 739.
2. Cette liste n'a bien entendu aucun caractère limitatif.

CHAPITRES NOBLES
DE LA PROVINCE

————————— ⊙ —————————

ORDRES ET CHAPITRES NOBLES D'HOMMES

ORDRE DE MALTE

Commanderie de St-Georges, bailliage de l'ordre de Malte, langue d'Auvergne, ayant son siège en l'église paroissiale de St-Joseph, à Lyon

Grand Pieur d'Auvergne.... Fr. Claude-Marie de Sainte-Colombe de l'Aubépin.
Grand maréchal.......... Pierre-Louis-Alexis de Savary de Lancosme.
Grand bailli de Bourganeuf. Fr. Alexis-Louis de Lestrange.
Procureur général........ Fr. Joseph-Pie-Gabriel de Menou de Ville.
Grands-Croix .... Fr. Charles-Abel de Loras.
—   .... Fr. Gaspard de La Richardie.
Commandeurs .... Fr. François-Aimé d'Ussel de Châteauvert.
—   .... Fr. Pierre-Paul-Alexandre de Monspey de Vallière.
—   .... Fr. Etienne Dauphin, prêtre conventuel.

COMTES DE LYON (1)

Le Roi, premier chanoine.
1753. J. Antoine de Castellas, abbé de Bonnecombe, doyen.
1765. Louis-François de Poix de Marécreux, vicaire général de Lyon, abbé d'Aumale, archidiacre.
1770. Henri de Cordon, vicaire général d'Embrun, abbé de Fontmorigny, précenteur, syndic.
1773. Charles-Marie de Gain, vicaire général de Riez, abbé de N. D. du Palais, chantre.
1742. Gaspard de Pingon, vicaire général de Vienne, chamarier.
1733. Jacques de St-Aulbin de Saligny, grand sacristain.

1. Les chanoines de ce chapitre l'un des plus anciens et des plus illustres du royaume portaient le titre de comtes de Lyon. Ils devaient faire preuve de seize quartiers de noblesse, huit du côté paternel et huit du côté maternel, comme au chapitre des comtes de Brioude.

1761. Louis de Clugny de Thénissey, vicaire général de Vienne.
1758. Guillaume Dupac de Bellegarde, prévôt de Fourvières.
1774. César de Clugny, vicaire général de Metz, maître du chœur, syndic.
1752. Annet de Poitiers de Chabans, vicaire général d'Autun.
1750. Le cardinal de Bernis, archevêque d'Alby.
1757. François-Louis-Augustin Barbier de Lescoët, abbé d'Ardorel.
1758. Pierre de Gain de Linars, abbé de Sandras.
1760. Cl. Gaspard de Lezay de Marnez'a, vic. gén. de Lyon.
1761. Silvain-Léonard de Chabannes, vic. gén. de Clermont.
1761. Cl.-Hyac. de Beaumont de St-Quentin, prieur de Bort.
1767. Marie-Agathange-Ferdinand de Bernard de Rully, vic. gén. de Châlon-s-Saône.
1771. Georges-Henri de Bertrand de Poligny, vic. gén. de Bourges.
1773. Anne-Hérard-Paul-Antoine de la Madeleine de Ragny, vic. gén. de Lyon.
1776. Pierre-Antoine de Sartiges, vic. gén. de Lyon.
1777. Joseph-Isaïe de Gourcy, vic. gén. de Lombez.
1778. Gaspard de Cordon, vic. gén. de Châlons.
1778. Charles de Sartiges, vic. gén. de Clermont.
1776. Paul-Joseph de Gourcy de Mainville.
1779. Toussaint-Joseph-Pierre de Boisboissel, vic. gén. de Lyon.
1780. François-Olivier-Hector de St-Georges, vic. gén. de Périgueux.
1783. Jean-Joseph de Turpin, vic. gén. de Beauvais.
1784. Hubert de Lentilhac, abbé de St-Cyprien.
1784. Charles-Antoine de Clugny.
1786. Gabriel-Melchior de Messey, vic. gén. d'Aix.
1786. Jean-François-Jérôme de Hamel-Bellenglise, vic. gén. de Cambrai.
1787. Frédéric d'Andlau.
1787. Claude-Charles de Mostuéjouls, aumônier de Madame.

Chanoines comtes d'honneur

1728. Louis-Albert de Lezay de Marnezia, évêque d'Evreux.
1743. Charles-Antoine-Gabriel d'Osmond, évêque de Cominges.
1752. Yves-Alexandre de Marbeuf, évêque d'Autun.
1751. François de Clugny, évêque de Riez.
1760. Simon de Montmorillon.
1761. Gabriel Dupac de Bellegarde.
1771. Alexandre-Marie-Joseph Barbier de Kerno de Lescoët.

ABBAYE DE SAVIGNY (1)

Abbé........... le comte de Clugny, évêque de Riez.
Religieux nobles. MM. de Barthelats, Grand-Prieur.
      de Prisque de Bisanceuil, prieur claustral.
      Ponthus de Thy, aumônier.
      de Foudras, doyen de Lasnay.

---

(1) Preuves de quatre ascendants paternels ; la mère constatée demoiselle.

Religieux nobles. MM. Camille de Barthelats, doyen de Teilan.
de St-Micaud, infirmier.
de Bard, chantre.

SAINT-MARTIN D'AINAY (1)

1738. Lazare-Victor de Jarente, abbé d'Ainay.
1749. Louis Charrier de La Roche, prévôt curé.
1741. Jean-Baptiste-Victor Hubert de St-Didier de Rochefort.
1755. Louis-Hector-Melchior-Marie Yon de Jonage.
1758. Pomponne-François de Riverie de St-Jean.
1758. Marc-Antoine de Noyel.
1764. Charles de Regnauld de la Richardie.
1765. Pierre-Antoine Maindestre de la Luyère.
1774. André Brossier de La Roullière.
1777. Pierre-Thomas de Fisicat.
1778. François de Regnauld de la Richardie, cadet.
1778. Camille de Riverie de la Mouchonière.
1781. Claude-Hélène Morel de Voleine.
1781. Jean-Baptiste Bérardier de Grézieu.
1781. Pierre de Cardon de Sandrans.
1781. Gilbert de Brosse de La Barge.
1784. Pierre-Louis du Marché.
1784. Marie-Ignace-Louis Richard de Béligny.
1785. Emmanuel-Claude-Aimé d'Esgland de Cessiat de Varenne.
1786. Claude de Veirine.
1774. Joseph-Antoine-Charles-Marie Deissat-Duprat, chan. honoraire.

CHAPITRES NOBLES DE DAMES

ALIX (2)

Mesdames,

Marie-Claude-Nicole de Cressia, abbesse.
Françoise-Véronique de Naturel de Valetine, sacristine.
Marie-Henriette de Cressia de La Tour.
Marie-Balthazar de Chaponay.
Magdeleine de Beurville.
Marie-Gabrielle de Vincent-Panette de Villeneuve.
Anne-Henriette-Gabrielle de Rozière d'Euvesin.

Françoise Bouhélier d'Audelange.
Ignace-Gabrielle Bouhélier.
Marie-Pierrette de La Porte.
Rose de La Porte de Châteauvieux.
Sophie de La Porte d'Eydoche.
Hélène de La Porte de Marlieux.
Marthe-Julie de La Porte.
Hélène de Chaponay de Beaulieu.
Marie-Barbe de Bocsozel.
Bernardine-Françoise Bouhélier de l'Annoncourt.
Marie-Henriette de Cohorn.

(1) Les preuves étaient de trois degrés ou de cent ans de noblesse paternelle.

(2) Les preuves étaient de sept degrés de noblesse du côté paternel, sans y comprendre la présentée, et la mère demoiselle noble.

Gabrielle de Cohorn de La Palun.
Elisabeth-Claudine de Neufchaise.
Anne de l'Escalopier.
Anne de Panette.
Françoise-Benoite de Panette de Chantin.
Françoise-Claudine-Gabrielle de Panette de l'Abreille.
Marie-Sophie-Françoise Le Compasseur de Courtivron.
Charlotte-Françoise de Rozières de Rechicour.
Marie-Magdeleine de Vincens de Mauléon.
Louise-Magdeleine de Ravel.
Marie-Anne-Delphine de Rivette.

Marguerite-Jeanne-Xavier de Rocquigny.
Marie-Jeanne-Félicité de Savelly de Caseneuve.
Catherine-Louise-Adélaïde de Romanet.
Elisabeth-Joséphine de Romanet de St-André.
Marie-Jeanne-Charlotte-Théodoric de Vanel de L'Isleroy.
Pierrette-Marie de Ste-Colombe.
Marie-Louise-Eléonore le Boulanger.
Polixène-Raymondine-Françoise de Gratet de Dolomieu.
Marie-Louise de Nollet.

COYZE-EN-L'ARGENTIÈRE (1)

Chanoinesses comtesses, mesdames,

Marie-M. de Gayardon de Fenoyl, abbesse.
Françoise de Rochemonteix, prieure.
Eléonore-Antoine de Coignet des Gouttes.
Jeanne de Charbonnel de Pelousac.
Marie-Françoise Delmar de Bretteville.
Antoinette-Louise de Thy.
Marie-Anne de Moreton de Chabrillan.
Augustine-Louise-Françoise-Gabrielle-Magdeleine-Angèle de Chevigné.
Magdeleine-Françoise-Renée-Hilarionne-Henriette de Chevigné de la Sicaudaye.
Gabrielle de Marnays.
Jeanne-Magdeleine de Moreton de Chabrillan.
Marie-Hippolyte-Jeanne de Meauconvenant de Sainte-Suzanne.
Marie-Adélaïde de Vesc de Beconne.
Marie-Sophie de Leusse.
Anne-Nicole de Bosredon.

Marie-Louise-Antoinette-Hippolyte-Magdeleine de Beaumont.
Charlotte-Jeanne de Malet de la Jorie.
Thérèse de Guibert.
Marie-Charlotte de Guibert de la Rostide.
Françoise-Antoinette de Voisins d'Alzan.
Louise-Amb.-Gabrielle de Voisins d'Alzan.
Marie-Suzanne de Lestouf de Pradines.
Marie-Antoinette-Josèphe de Marcel de Poët.
Louise-Josèphe-Diane-Adélaïde de Marcel de Poët.
Clotilde-Antoinette-François-Xavier de Ligondès.
Elisabeth de Castellas.
Louise-Nicole-Alexandrine de Busseul.
Pauline-Françoise-Marie des Monstiers-Mérinville.
Henriette-Thérèse des Monstiers-Mérinville.

(1) Les Chanoinesses devaient prouver le septième aïeul paternel et le bisaïeul maternel.

Elisabeth-Victoire-Armande de Lostanges.

Anne-Marie-Pierrette de Mont-d'Or.

Marie-Marguerite-Azélie de Laurencin.

Marie-Adélaïde de Leusse.

Julie-Thérèse de Nieul de Perri.

Hélène-Félicité-Catherine-Marie de Leusse.

Josèphe-Radegonde de Marcel de Poët.

Adélaïde-Jeanne du Lau.

Adélaïde-Anne du Lau.

Louise-Charlotte-Victorine de Malyvert.

Marie de Nossay.

Aimée-Agathe-Amable de Nossay de Forges.

Aimée-Gabrielle de Bosredon.·

Françoise-Pétronille-Laurette de Bausset de Roquefort.

Renée-Suzanne de Boisbéranger de de La Salle.

Louise-Elisabeth de Roffignac.

Agathe-Emilie du Lau.

Renée-Thérèse-Emilie de Belzunce.

Pétronille-Françoise de Rodorel de Conduche.

Magdeleine-Marie-Françoise d'Arlais de Montami.

Marie-Adélaïde-Jacobé-Blanche de Bonfontan d'Anderfielles.

Marie-Julie-Guillemette de la Rodde de Saint-Haon.

Marie-Reine-Marguerite-Charlotte-Adelphine-Jeanne de Gouyon des Briands.

Rose-Pulchérie de Rechignevoisin de Guton.

Marie-Jeanne de Mun de Sarlabous.

Marie-Louise-Angèle-Elisabeth du Dresnay.

Claire-Melchior de Cambis.

Adélaïde-Marie de Caumont.

Lucile de Châteaubriand.

Josèphe-Julie de Sers.

Magdeleine de Sers.

Marie de Maulmont du Chalart.

Catherine de Joussineau de Fayac.

Barbe de Joussineau de Tourdonet.

Innocente-Gabrielle-Angélique le Sénéchal de Kercado de Molac.

Marie-Charlotte de la Porte-Vezins.

Marie-Yolande-Charlotte de Forbin.

Marie-Thérèse-Josèphe de Forbin-la-Barben.

Marie-Louise-Adélaïde-Jacquette de Robien.

Marie-Henriette-Adélaïde de Fribois.

Sophie-Adélaïde de Forges de Châteaubrun.

Marie de Noaillan.

Marie-Françoise-Louise de Cillart de la Villeneuve.

Charles-Fulgence-Agnès de Beufvier des Paligny.

Modeste-Agathe-Françoise des Mares.

Marie-Elisabeth des Mares d'Ymonville.

Anne-Louise-Emée de Kératry.

Magdeleine-Henriette de Montseuclin.

Chanoinesse honoraire, Madame

Paule-Diane-Louise de Malvin de Montazet.

Chanoinesses d'honneur, Mesdames

Antoinette-Magdeleine d'Abzac de la Douze.

Jeanne-Marie de Valory de Lacé,

Brigitte de Cambis.

Marie-Marguerite de Beaumont.

LEIGNEUX (1)

Chanoinesses, Mesdames

Catherine de Gayardon de Tiranges, prieure.

Jeanne-Marie de Chaussecourte, sous-prieure.

Marie-Françoise de Montjouvent, sacristine.

Anne-Marie de Luzy-Couzan.

Françoise-Marie Le Brun de Champigneulles.

Françoise-Henriette Desjours.

Jacqueline-Lazare Desjours de Montarmin.

Lazare Desjours de Mazille.

Marie d'Anstrude de Tourbes.

Marie-Hélène d'Anstrude des Tournelles.

Diane-Marie de Moreton de Chabrillan.

Claire-Etiennette d'Anstrude.

Jeanne-Thérèse de Prévost.

Marie-Hilaire de Moreton du Main.

Magdeleine-Hippolyte du Bourg de Saint-Polgues.

Marie-Gabrielle de Luzy-Couzan.

Louise-Victoire-Constance de Gayardon de Grésolles.

Clotilde-Félicité Dubuisson de Douson.

Antoinette-Eugénie de Gayardon d'Aix.

Louise-Etiennette de Thy.

Magdeleine-Euphrasie d'Agoult.

Blanche-Justine-Charlotte d'Agoult.

Marguerite-Josèphe-Zoë de Damas.

Marie-Alexandrine-Jacobine de Damas.

Marie-Hélène-Eléonore d'Anstrude de Chassenay.

Marie-Edme-Adélaïde de Fortelle.

Marie-Benoite-Josèphe de Prévost.

Charlotte-Jeanne de Prévost de Germancy.

Anne-Françoise de Prévost de la Croix.

Charlotte-Elisabeth de Prévost.

Catherine-Salinguera-Antoinette de Gayardon de Fenoyl.

Jeanne-Françoise de Certaines de Villemolin.

Marie-Gabrielle de Certaines de Villemolin.

Louise-Marguerite de Ganay.

Françoise-Jeanne-Marie de Ganay.

Jeanne-Luce de Ganay.

Marie-Thérèse de Ganay.

Rose de Ganay.

Diane-Marie-Eléonore de Sainte-Colombe de l'Aubespin.

Angélique de Coucy.

Hilaire-Marie-Marguerite-Joachim de Sainte-Colombe de l'Aubespin.

Claudine de Roquefeuil.

Rose-Thérèse d'Agoult de Voreppe.

Chanoinesse honoraire

Marie-Magdeleine de Gayardon de Fenoyl, abbesse du chapitre noble et régulier de N.-D. de Coyze en l'Argentière

Supérieur-major

M. de Laurencin, Grand-Prieur de Savigny

(1) Preuves de cinq degrés de noblesse paternelle, et la mère demoiselle noble.

SAINT-MARTIN-DE-SALLES (1)

Chanoinesses, comtesses capitulantes, Mesdames :

Marie-Victoire Richard de Ruffey, prieure.

Angélique de La Salle, sous-prieure.

Louise de Naturel de Valetine, maîtresse d'institution.

Marie-Anne de Garnier des Garets, sacristine.

Angélique de Naturel, seconde trésorière.

Marie-Thérèse de La Souche.

Claude-Marie-Magdeleine de Guillermin, première trésorière.

Marie-Gabrielle de Pons-Praslin.

Gabrielle de Pons.

Marie-Elisabeth de Veyny d'Arbouze.

Marie-Thérèse Durand d'Aussy.

Marguerite-Jeanne de Pestalozi.

Charlotte de Pestallozi.

Suzanne-Gabrielle de Balathier-Lantage, première chantre.

Jeanne-Alexandrine de Balathier.

Marie-Thérèse Aymon de Montépin.

Marie-Suzanne-Alexandrine de la Martine du Vilard, secrétaire.

Isabelle de Joblot seconde chantre.

Anne-Claire-Augustine de St-Belin de Malin.

Suzanne Le Viste de Montbrian.

Anne-Claude de Mignot de la Martizière.

Louise-Françoise-Gasparine de Branges de Boursiat.

Françoise-Césarine des Roys.

Marie-Thérèse de Siffrédy.

Marie-Josephe de Siffrédy de Mornas.

Jeanne-Théodule de Guillermin.

Marie-Alexandrine de Guillermin.

Anne-Marie-Françoise de Mignot.

Françoise-Alix des Roys.

Marie-Renée-Danielle de Sirvinges.

Aimée-Sophie de Sirvinges.

Pauline de Sirvinges.

Henriette de Sirvinges.

Marie-Denyse d'Astorg.

Marie-Charlotte Frère de la Falconnière.

Jeanne-Françoise Frère de la Falconnière.

Pauline Maguerite de Murat de la Plagne.

Elisabeth de Murat.

Claudine-Marie de Tudert.

Scolastique de la Fitte de Pelleport.

Marie-Magdeleine-Charlotte-Elisabeth de Nocé.

Marie-Louise-Joséphine de Garnier des Garets.

Marie-Anne-Elisabeth-Josèphe de Petit de Viévigne.

Marie-Emilie de Petit de Viévigne.

Félicité-Flore-Françoise-Rose-Aimée de Rouhault-Gamaches.

M. d'Amédor de Mola.

Chanoinesses d'honneur, Mesdames

De Malvin de Montazet.

Magdeleine-Hiacynthe-Henriette du Pont de Compiègne.

Charlotte-Gabrielle-Thérèse du Pont de Compiègne.

Marie-Catherine Amelot.

Marie-Charlotte de Malvoisin.

Charlotte-Thérèse de Malvoisin.

Suzanne-Gabrielle de Louët de Murat de Calvisson.

1. Les preuves étaient de neuf degrés de noblesse paternelle, y compris la présentée, et la mère constatée demoiselle.

Dames surnuméraires, Mesdames

Nicole-Aimée-Adélaïde de Bizemont.

Elisabeth-Françoise de Machault.

Anne-Flore-Andrée de Rosset de Létourville.

Anne-Françoise-Eulalie de Rosset de Létourville de Boisville.

Claudine-Marie-Gabrielle de Digoine.

Jeanne-Augustine-Marie-Clémentine d'Ormy de Vesvre.

Françoise - Magdeleine - Eléonore d'Ormy de Beauchamp.

Victoire-Françoise-Magdeleine de Grimouville de Cussy.

Marie-Magdeleine - Suzanne Aubert de Saint-George du Petit-Thouars.

Françoise-Constance-Catherine le Bouracher.

Anne de Raousset de Seillon.

Chanoinesses honoraires, Mesdames

Henriette de Blancheton de la Rochepot.

Marie-Thérèse de Foudras.

—

INDEX SOMMAIRE

DES

PRINCIPALES SOURCES A CONSULTER

POUR L'HISTOIRE

DU LYONNAIS, FOREZ ET BEAUJOLAIS

A LA VEILLE DE LA RÉVOLUTION

——•O•——

I. — DOCUMENTS MANUSCRITS

A. — ARCHIVES NATIONALES

Tous les documents concernant la convocation aux Etats-Généraux de 1789 sont conservés dans plusieurs séries, les séries B^a, B^{III} et C. Les séries B^{III} et C sont en général la reproduction ou l'expédition souvent défectueuses des pièces originales de la série B^a à laquelle il convient de se reporter de préférence.

Les cotes de ces collections sont les suivantes :

LYONNAIS	FOREZ	BEAUJOLAIS
B^a 48.	B^a 54.	B^a 85.
B^{III} 75 et 76.	B^{III} 67.	B^{III} 28.
C 19, liasse 90,	C 19, l. 76.	C. 16, l. 25.

Les documents de ces archives indiquent minutieusement pour les trois ordres tous les détails et tous les incidents relatifs à la convocation et à l'élection des députés aux Etats-Généraux. On y trouve, outre la liste des gentilshommes et les procès-verbaux des assemblées générales, les procès-verbaux des séances particulières de chaque ordre et la liste des membres du Clergé ou du Tiers-Etat qui ont, en qualité d'électeurs de leur ordre, nommé les députés aux Etats-Généraux. Ces documents qui indiquent ainsi, à côté de l'état de la Noblesse en 1789, celui des membres principaux du Clergé et du Tiers-Etat à la même époque présentent un intérêt digne d'être signalé.

La plupart des documents contenus dans ces cartons des Archives ont été l'objet d'une analyse sommaire dans l'ouvrage considérable de M. BRETTE : *Recueil de documents relatifs à la convocation des Etats-Généraux*. Paris. Imprimerie Nationale (en cours de publication), 3 volumes in-4° parus à ce jour.

Le tome III renferme les détails relatifs au Lyonnais, Forez et Beaujolais.

La bibliographie des autres sources manuscrites conservées aux Archives Nationales sur l'état des provinces Lyonnaises à la veille de la Révolution, est donnée dans l'ouvrage précité de M. BRETTE, tome III, pages 692, 694, 695, 706 à 709, 715, 716, 718, 719 et 725.

A relever dans cette longue bibliographie :

Etat de population de la généralité de Lyon
   (1783).................................   *cote* D. IV *bis* 43
Mémoires de l'Intendant (1762)...........   » KK 1114

B. — BIBLIOTHÈQUES ET ARCHIVES DE LYON

Les documents nombreux et intéressants sont analysés dans une longue bibliographie dressée par Steyert dans son *Armorial du Lyonnais*, 1ʳᵉ édition (Introduction). Il convient de s'y reporter. (Voir plus loin, page 50).

C. — DOCUMENTS PRIVÉS

Voir plus loin, page 51, la dernière note placée à la suite de la bibliographie des ouvrages relatifs à la Noblesse de la région.

II. — DOCUMENTS IMPRIMÉS

Il faudrait un volume considérable pour dresser une bibliographie complète des ouvrages imprimés sur la région Lyonnaise et son histoire à la veille de la Révolution, tant il a été publié d'études plus ou moins importantes sur cette région. Une telle bibliographie excédant le cadre de cet index, nous nous bornerons à indiquer :

1° Quelques ouvrages donnant eux-mêmes une bibliographie

critique détaillée où les chercheurs pourront trouver toutes les indications nécessaires ;

2° Quelques documents de première main, tels que les almanachs ou les journaux de l'époque ;

3° Enfin quelques travaux principaux sur les fiefs, la noblesse, les assemblées et l'histoire de la province.

Cet ensemble d'indications, ayant seulement un caractère *d'aperçu* et n'étant *aucunement limitatif* n'aura pour avantage que de servir de guide général.

A. — BIBLIOGRAPHIES

VINGTRINIER. — Bibliograhie des journaux de Lyon *(ouvrage contenant les indications détaillées sur tous les journaux de Lyon avant et depuis 1789)*.

VINGTRINIER. — Catalogue de la Bibliothèque lyonnaise, de M. Coste. Lyon, Aug. Brun, 1853, 2 vol. gr. in-8°. *(Cet inventaire, dressé avec une savante critique historique, indique des milliers de documents classés dans un ordre rationnel).*

Recueil de pièces concernant la Bibliothèque lyonnaise de M. Coste. Lyon, 1855, in-8° (par MM. Chelle, Fraisse, Montfalcon, Collombet, Morel de Voleine, Léon Boitel, Vingtrinier, Jules Janin, etc.).

Catalogue de la Bibliothèque lyonnaise, provinciale, historique, littéraire, héraldique et bibliographique de feu M. Joseph Renard, de Lyon. 1884, in-8°.

CHARLÉTY (Sébastien). — Bibliographie critique de l'Histoire de Lyon, de l'origine à 1789. — Bibliographie critique de l'Histoire de Lyon, de 1789 à nos jours. Lyon, 1902 et 1903, 2 vol, in-8°. *(Ouvrage de grand intérêt et d'une classification très claire).*

GONON (P.-M). — Bibliographie historique de la ville de Lyon pendant la Révolution française. Lyon, 1844, in-8°.

BERNARD jeune (Auguste). — Biographie et bibliographie foréziennes, Montbrizon, 1835, in-8°.

LA TOUR VARAN (de). — Essai sur la formation d'une Bibliotèque forézienne, Saint-Etienne, 1864, gr. in-8°.

AUDIN (Marius). — Essai de Bibliographie beaujolaise. Réper-
toire des titres des ouvrages publiés sur l'Histoire
générale et spéciale du Beaujolais. Lyon, Rey, 1906,
gr. in-8° de 128 pages.

Nota. — Voir aussi plus loin, page 50, Steyert : *Armorial du Lyonnais*.

B. — ALMANACHS ET JOURNAUX ANTÉRIEURS
à 1789

§ 1er. — ALMANACHS

CALENDRIER nouveau, journalier et historique. Lyon, Lan-
glois, 2 vol. in-8°, 1111 et 1712........ Bib. Nat¹ᵒ Lc ³¹/₂₄₁

LE GRAND CALENDRIER nouveau, Lyon,
1713 à 1720..................... Lc ³¹/₂₄₂

CALENDRIER HISTORIQUE de la ville de
Lyon, Lyon, 1722 à 1741............ Lc ³¹/₂₄₃

ALMANACH ASTRONOMIQUE ET HIS-
TORIQUE de la ville de Lyon. Lyon, 1742
à 1758.......................... Lc ³¹/₂₄₄

ALMANACH ASTRONOMIQUE ET HIS-
TORIQUE de la ville de Lyon, et des
provinces de Lyonnais, Forez et Beaujolais. Lyon, 1759 à 1792............ Lc ³¹/₂₄₅

Cette dernière série des Almanachs de Lyon offre un tout
parfait et du plus haut intérêt pour l'histoire de la Province
dont elle donne, chaque année, l'état complet à quelque point
de vue que l'on se place. Chaque volume se termine par un état
alphabétique et détaillé de toutes les paroisses et de tous les
fiefs de la région. On peut ainsi suivre pas à pas, avec peu de
recherches, l'histoire particulière d'une ville, d'un hameau, d'un
fief dont les seigneurs et les officiers sont désignés avec une
grande précision. Il n'est pas de document plus précieux pour
connaître l'état ecclésiastique, militaire, judiciaire et civil de la
Province.

§ 2. — JOURNAUX

AFFICHES DE LYON. — Annonces et avis divers. Lyon,
1748 à 1821. (*Paraissait tous les mercredis.*)

LE COURRIER LITTÉRAIRE, ou annonce périodique des livres nouveaux. Lyon, 1766 à 1787 (in-8°, *mensuel).*

JOURNAL DE LYON, ou annonces et variétés littéraires, pour servir de suite aux Petites Affiches de Lyon. *(Rédigé par* Mathon de la Cour), 1re à 6e année, 1784 à 1789. Lyon, A. de La Roche. 5 vol. in-8°. *(Paraissait tous les quinze jours).*

C — ÉTUDES SUR LES ASSEMBLÉES PROVINCIALES

et les assemblées réunies en vue des Etats-Généraux

BRETTE. — Recueil de documents relatifs à la convocation, etc. tome III *(Voir ci-dessus page 46).*

GUIGUE (Georges). — Procès-verbaux des séances de l'Assemblée provinciale de la généralité de Lyon et de sa commission intermédiaire. Lyon, 1787-1790, Trévoux, 1898, in-8°.

PONCINS (Léon de). — Les cahiers de 89 ou les vrais principes libéraux. *(Relatif aux élections du Lyonnais et du Forez en 1789).* Paris, 1887, in-8°.

PONCINS (Mis de). — Instructions sur la formation et la composition des trois états de la province de Forez à Montbrison, sur la manière de procéder par eux à l'élection de leurs députés, sur la confection de leur cahier général et sur les pouvoirs qu'il convient de donner à leurs députés pour les Etats-Généraux du 27 avril 1789. S. L. 1789, in-8°.

TÉZENAS DU MONCEL. — Etude sur les Assemblées provinciales. L'assemblée de Saint-Etienne. Saint-Etienne, 1903, grand in-8°.

Nota. — Voir aussi les ouvrages de MM. d'Assier de Valenches et de Jouvencel mentionnés plus loin sur les assemblées de la Noblesse du Forez et du Lyonnais.

D. — ÉTUDES SUR LES FIEFS

ASSIER DE VALENCHES (E. d'). — Les fiefs du Forez en 1788 d'après le mss inédit de M. Sonyer du Lac. Lyon. Perrin, 1858. in-4°.

BROUTIN. — Les châteaux historiques du Forez. Lyon, 1883. 2 vol. gr. in-8°.

BOULAINVILLIERS. — Etat de la France, 2ᵉ édition, Londres, 1752, 8 volumes in-12. Tome vii, p. 301 et seq. sur la *Généralité de Lyon. (Ouvrage d'un caractère assez étendu et relatif également à l'état général de la Province)*.

EXPILLY. — Dictionnaire géographique, historique et politique des Gaules et de la France. Paris-Avignon-Amsterdam. 6 volumes in-fol., 1770. (Tome iv, p. 275 à 319 sur la *Généralité de Lyon. Dictionnaire très soigné et précieux pour les indications des fiefs)*.

LA TOUR-VARAN (de). — Etudes historiques sur le Forez. Chroniques des châteaux et abbayes. Saint-Etienne, 1854-1857. 2 vol. in-8°.

Nota. — Voir aussi les Almanachs de Lyon précités.

E. — HISTOIRE DES FAMILLES NOBLES

ASSIER DE VALENCHES (d'). — Recherches concernant principalement l'ordre de la Noblesse sur l'assemblée bailliagère de la province de Forez convoquée à Montbrison en mars 1789 pour l'élection des députés aux Etats-Généraux du royaume. Lyon. Perrin, 1860.

JOUVENCEL (Henri de). — L'assemblée de la Noblesse de la sénéchaussée de Lyon en 1789. Lyon, Brun, 1907, in-4°.

POIDEBARD, BAUDRIER et GALLE. — Armorial des Bibliophiles du Lyonnais, Forez, Beaujolais et Dombes, Lyon, 1907, in-4°.

STEYERT (A.). — Armorial général du Lyonnais, Forez et Beaujolais. Lyon, Brun, 1860, in-4°. *(Consulter l'importante bibliographie placée au début de cet ouvrage et relative aux sources très nombreuses, manuscrites ou imprimées)*.

STEYERT (A.). — Armorial général du Lyonnais, Forez, Beau-

jolais, Franc-Lyonnais et Dombes. (Lettre A — Arod).
8 livraisons in-4°. Lyon, Brun, 1892 à 1903.

(C'est tout ce qui a paru de cet ouvrage monumental dont le plan était de donner l'historique détaillé de toutes familles notables de la région).

VALOUS (VITAL DE). — *Œuvres diverses*. Leur étude est indispensable. Le catalogue en est donné dans « *Vital de Valous, sa vie et ses œuvres* », par M. A. Vachez, président de l'Académie de Lyon. Lyon, 1884, brochure gr. in-8°. Citons seulement ici « *Les origines des familles consulaires de Lyon* ». (Lyon, 1863). « *Essai d'un nobiliaire lyonnais* ». (Lyon, 1864). *Généalogies des Chaponay, des Masso*, etc.

VARAX (PAUL DE). — Généalogies des Arod (Lyon, 1900) ; Pomey (Lyon, 1899) ; Rivérieulx (Lyon, 1899) ; Sainte-Colombe (Lyon, 1881), etc.

(Ces généalogies intéressent par leur ampleur et l'indication des alliances collatérales et de leur descendance, le plus grand nombre des familles de la région).

NOTAS. — *A)* Voir aussi l'*Armorial du Beaujolais*, de La Roche La Carelle, donné à la suite de l'Histoire du Beaujolais, signalée plus loin, ainsi que les ouvrages de Broutin et de La Tour-Varan, mentionnés ci-dessus page 50 ; enfin les travaux de l'abbé Bonnardet et de Broutin, mentionnés ci-après.

B) Il faudrait encore citer quelques ouvrages spéciaux, tels que les monographies et les études héraldiques de W. Poidebard, les travaux de Michon sur les Trésoriers de France de la généralité de Lyon, les nombreux ouvrages de MM. Vachez, de Juigné, de Viry, etc., etc., dont les publications particulières offrent un immense intérêt, et dont le détail se trouve dans les Bibliographies et dans les catalogues de la Librairie historique *Brun*, de Lyon, et aussi à la librairie Honoré Champion, éditeur de la présente édition.

C) Enfin, il faut mentionner les travaux, uniques au monde par leur étendue, dont les auteurs sont MM. Amédée d'Avaize, Ferdinand Frécon, William Poidebard et Octave de Viry, infatigables explorateurs des anciennes archives, des études des notaires et des registres des anciennes paroisses du Lyonnais, Forez et Beaujolais. « De leur longue, savante et patiente collaboration, dit M. Baudrier dans son *Armorial des Bibliophiles* (p. 83), est résulté le plus colossal travail généalogique qui ait jamais été tenté en France. Ces recherches restées manuscrites comprennent non seulement la généalogie des familles consulaires de Lyon, mais encore celles de toutes les familles qui ont tenu un rang un peu important dans nos trois provinces, et constituent une mine inappréciable de documents précieux et inédits. » Quelques privilégiés ont eu le bonheur envié d'y puiser à loisir et la plupart des ouvages nobiliaires ci-dessus mentionnés ont pour source ces immenses recherches.

F. — TRAVAUX HISTORIQUES DIVERS

BALLEYDIER. — Histoire politique et militaire du peuple de
Lyon pendant la Révolution française. Paris, 1845.
3 vol. gr. in-8°.

*(Cet ouvrage renferme des extraits de pamphlets et
publications de l'époque).*

BONNARDET (ABBÉ). — Les Lyonnais au collège de Juilly
(XVII° et XVIII° siècles). Lyon, 1902, gr. in-8°.

*(Précieuse contribution à l'histoire de l'éducation
donnée sous l'ancien régime aux enfants des familles.
Détail sur un grand nombre de généalogies Lyonnaises).*

BROUTIN. — Histoire des couvents de Montbrison avant 1793
avec notes sur les familles nobles du Forez qui ont
fourni des sujets aux couvents de Montbrison. Saint-
Etienne, 1874 à 1881. 3 vol. gr. in-8°.

LA ROCHE LA CARELLE (B°ⁿ DE). — Histoire du Beaujolais
et des sires de Beaujeu, suivie de l'Armorial de la
province. Lyon, 1853. 2 vol. gr. in-8°.

METZGER (ALBERT) et VÆSEN (JOSEPH). — Lyon, avant, pendant et après la Révolution. 10 vol. in-12. Lyon,
libr. Georg, 1882 à 1887.

*(Collection de documents de toute sorte classés chro-
nologiquement. La plupart sont extraits des archives
municipales, des journaux contemporains ou des réim-
pressions de brochures rares. Les textes publiés dans ce
recueil sont cités avec renvoi au volume).*

NIEPCE (L.). — Lyon militaire. Lyon, Bernoux et Cumin, 1897,
gr. in-8°.

STEYERT (ANDRÉ). — Nouvelle histoire de Lyon, et des provinces de Lyonnais, Forez, Beaujolais, Franc-Lyonnais
et Dombes. Lyon, 1895. 3 vol. in-4°.

TABLE DES MATIÈRES

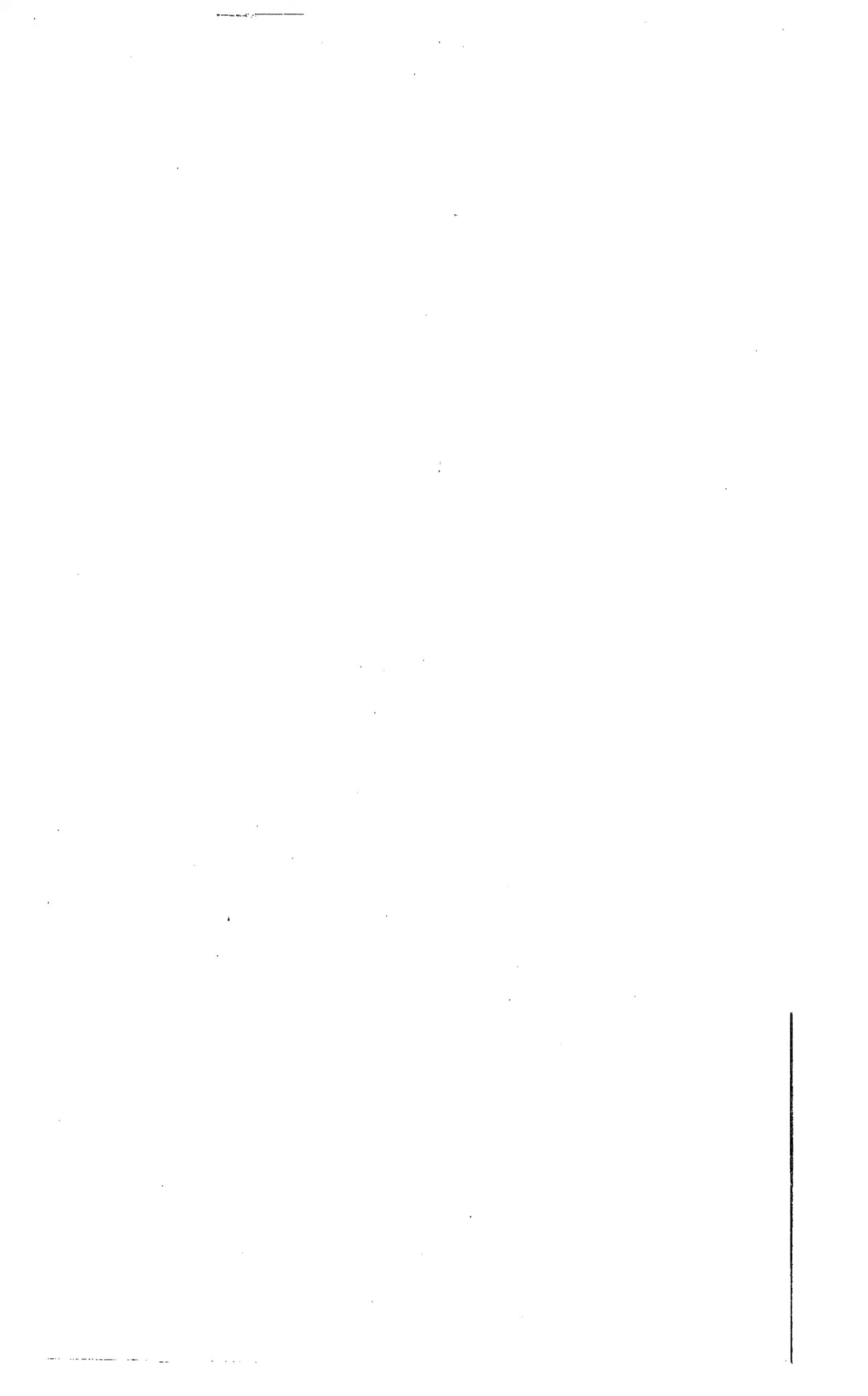

BERGERAC

IMPRIMERIE GÉNÉRALE DU SUD-OUEST (J. CASTANET)

Place des Deux-Conils